Gitte Härter

Sorry!

Entschuldigungen aussprechen, annehmen, ablehnen

Gitte Härter

Sorry!

Entschuldigungen aussprechen, annehmen, ablehnen

GABAL

Bibliografische Information der Deutschen Nationalbibliothek

Die Deutsche Nationalbibliothek verzeichnet diese Publikation in der Deutschen Nationalbibliografie; detaillierte bibliografische Daten sind im Internet über http://dnb.d-nb.de abrufbar.

ISBN 978-3-86936-246-5

Lektorat: Friederike Mannsperger
Umschlaggestaltung: Martin Zech Design, Bremen | www.martinzech.de
Umschlagfoto: Somenski/Fotolia.com
Satz und Layout: Lohse Design, Heppenheim | www.lohse-design.de
Herstellung: BoD - Books on Demand, Norderstedt

www.gabal-verlag.de

Abonnieren Sie unseren Newsletter unter:
newsletter@gabal-verlag.de

Inhalt

Warum haben Entschuldigungen einen so hohen Stellenwert?

Mehr als eine Floskel

Wann immer etwas geschieht, das wir als falsch, ungerecht, unfair oder verletzend ansehen, wünschen wir uns eine Entschuldigung. Dabei ist den meisten Menschen eine aufrichtige Entschuldigung sehr viel wichtiger als jede Wiedergutmachung. Das kennen Sie selbst, wenn jemand zwar einlenkt oder Ihnen Ihren Willen lässt, die Angelegenheit aber für Sie dennoch nicht erledigt ist …

Warum aber ist uns das so wichtig? Weil es eben nicht nur um eine Floskel geht, sondern weil eine ehrliche Entschuldigung bedeutet:

- Jemand übernimmt die Verantwortung.
- Wir – und unser Schmerz, die Enttäuschung, Empörung oder Verletzung – werden ernst genommen.
- Die andere Person sieht ihr Fehlverhalten ein und bedauert es.

Alles wieder gut!
Selbstverantwortung Um Verzeihung bitten
Grenzen ziehen Verständnis
Bedauern Fehler wiedergutmachen **Beziehungen kitten**
Situationen deeskalieren **Ehrenrettung**
Harmonie **Schwamm drüber** Einsicht
Gegenbeweis Fettnäpfchen ausbügeln
Größe zeigen **Mitleid** Selbstanklage
Nachsicht **Missverständnisse klären**
vergeben Rehabilitierung
Reue **Wohlwollen** versöhnen

1.

Es tut mir leid

Warum Entschuldigen tatsächlich eine Kunst ist und wie Sie Ihr Leben damit leichter machen

Selbstbestimmt leben

Spricht man von einer Entschuldigung, steht meistens eine Form der Vergebung im Vordergrund: Jemand hat etwas falsch gemacht, steht nun dafür gerade und bittet den anderen um Verzeihung. Doch das ist eine zu kurzsichtige Sichtweise. Tatsächlich geht es beim Entschuldigen um sehr viel mehr. Wenn Sie mich fragen, gibt es vier wichtige Faktoren, mit denen Sie Ihr Leben – ja, Ihr ganzes Leben! – leichter und selbstbestimmter führen können:

4 Faktoren für ein leichteres Leben

1. **Ein differenzierter Blick**

   Alles im Leben hat viele Facetten. Das buchstäbliche Schwarz und Weiß gibt es nicht, ganz besonders nicht, wenn Menschen miteinander zu tun haben.

   Das Bewusstsein, dass alles sehr viel komplexer ist, als es auf den ersten Blick aussieht, macht Sie lösungsorientierter. Voraussetzung dafür ist natürlich auch Einfühlungsvermögen.

→ Wer differenziert hinsieht, sieht mehr.

2. **Aktiv sein**

   Sie können Ihr Leben reaktiv und abwartend führen, Sie können aber auch Ihre Handlungsspielräume ausschöpfen. Wenn Sie sich darauf konzentrieren zu fragen: „Was kann ich in dieser Situation tun?" oder auch „Wie kann ich dafür sorgen, mich meinem Vorhaben zu nähern?", gestalten Sie Ihr Leben selbst und nehmen Abkürzungen zu Ihren Zielen.

→ Wer aktiv ist, schöpft Spielräume aus.

3. **Klartext reden**

   Der dritte Faktor besteht darin, klar und deutlich zu sagen, was Sie möchten beziehungsweise was Sie nicht möchten. Ob es also Wünsche, Bedürfnisse, Ziele oder Grenzen sind: Sie alleine können dafür sorgen, dass man diese hört und ernst nimmt. Die Fähigkeit, Klartext zu reden, hat sehr viel damit zu tun, wie andere Sie wahrnehmen.

→ Wer Klartext redet, steuert.

4. Sich entschuldigen können

Empathisch zu sein, sich selbst und Situationen analysieren zu können, zu erkennen, wenn Sie jemanden verletzt, einen Fehler gemacht haben oder es darum geht, ein Missverständnis zu klären: All das erfordert die Fähigkeit, offen auf andere zuzugehen, gerade wenn es schwierig wird.

→ Wer sich entschuldigt, handelt verantwortlich.

Diese vier Faktoren

- bestimmen Ihr Image positiv.
- ermächtigen Sie, stets souverän und stark zu handeln.
- machen Sie unabhängiger.
- sorgen dafür, dass Sie anerkannt und geschätzt werden.
- erleichtern Ihr Leben, weil Sie unschöne Situationen sofort anpacken beziehungsweise sie dadurch von vornherein vermeiden.

Sie sehen: Entschuldigungen haben eine riesengroße Auswirkung auf Ihr gesamtes Leben. Beruflich und privat. Wie weitreichend die Fähigkeit, mit Entschuldigungen richtig umzugehen, tatsächlich ist – und wie schwierig der Umgang damit ist –, darauf kommen wir in den folgenden Kapiteln.

10 gute Gründe, sich zu entschuldigen

Gerade weil es manchmal so schwerfällt, auf den anderen zuzugehen, ist es so wichtig, sich einige handfeste Gründe vor Augen zu führen, warum man sich entschuldigen sollte.

1. Sie beweisen Selbstverantwortung

Stärke zeigen

Selbstverantwortlich zu handeln, macht Sie stark. Andere erkennen es an, wenn man zu sich steht, ganz besonders wenn man zugeben kann, dass man sich unglücklich verhalten oder einen Fehler gemacht hat. Selbstverantwortung bedeutet auch, etwas offen bereuen zu können oder eine frühere Meinung zu korrigieren. Sich entschuldigen zu können ist daher die Königsklasse der Selbstverantwortung, denn das ist in manchen Situationen alles andere als leicht. Selbstverantwortliches Handeln macht Sie unabhängig.

2. Sie handeln souverän

Der Grund, warum sich die meisten Menschen so enorm schwer mit Entschuldigungen tun, ist, dass wir die Emotionen in den Vordergrund stellen: wir fühlen uns im Recht oder wollen Recht bekommen. Daraus leiten wir allzu oft ab, dass es nicht unsere Aufgabe ist, uns zu entschuldigen, dass es vielleicht sogar ein Zeichen von Schwäche sei. Doch das Gegenteil ist der Fall! Nicht umsonst ist „Überlegenheit“ ein Synonym von Souveränität.

3. Sie gehen respektvoll mit sich und anderen um

Offenheit ist Trumpf

Wir wünschen uns, von anderen mit Respekt behandelt zu werden. Ganz oben auf der Liste steht dabei das direkte Gespräch: besonders, wenn jemanden etwas an einem stört, soll er doch bitteschön etwas

sagen, anstatt mit Dritten zu sprechen oder vor sich hin zu grollen. Das ist nur fair und gibt uns die Gelegenheit, uns dazu zu äußern. Es bedeutet aber auch, dass Missverständnisse erst gar nicht entstehen, sich zumindest sehr schnell aus dem Weg räumen lassen. Das gilt natürlich auch umgekehrt!

4. Sie sorgen für ein gutes Miteinander

„Kein Mensch ist eine Insel", heißt es so schön: Wir haben immer Bezug zu anderen, und darum gehört zu einem selbstbestimmten und zufriedenen Leben auch, sich aktiv um ein gutes Miteinander zu kümmern. Das bedeutet nicht, dass Sie mit jedem gut auskommen müssen. Und es heißt nicht, dass Sie alle Leute mögen sollen. Vielmehr geht es geht darum, dass Sie in Ihrem eigenen Interesse einen professionellen und konstruktiven Umgang miteinander pflegen.

5. Sie stellen die Harmonie wieder her

Niemand mag Streit

Das Ideal aller Menschen ist Harmonie. Damit meine ich nicht Harmoniesucht. Wir möchten mit anderen gut auskommen und idealerweise gemocht werden. Ich habe noch nie Menschen getroffen, die Freude an Konflikten haben (auch wenn das bei manchen Zeitgenossen so erscheint). Wenn Sie sich schlecht fühlen, weil Sie das Gefühl haben, sich falsch verhalten zu haben, oder wenn jemand anderer sich verletzt fühlt, gibt es eine Störung zwischen Ihnen. Eine Entschuldigung ermöglicht es, wieder miteinander ins Gespräch zu kommen und die Luft zu klären.

6. Sie zeigen Größe

„Der Klügere gibt nach" bedeutet nicht, dass Sie klein beigeben, sondern es heißt in diesem Zusammenhang, dass Sie stark genug sind, ein Fehlverhalten oder ein Missverständnis aufklären zu wollen. Vor allen Dingen heißt es aber, dass Sie über kindischem Trotzverhalten

stehen und wissen: Rückzug jeder Art ist bei Schwierigkeiten immer der falsche Weg. Je schwerer es Ihnen fällt, auf den anderen zuzugehen, desto mehr ist es angezeigt, das doch zu tun. Größe beweist, wer seine eigene Befindlichkeit der Klärung einer Situation unterordnet.

7. Sie übernehmen die Führung

Das Gespräch lenken

Wenn Sie sich entschuldigen können, steuern Sie das Geschehen: Sie schlagen den Weg zur Klärung ein, Sie steuern das Gespräch und können aufgeheizte Situationen deeskalieren. Sehen Sie, wie falsch die Annahme ist, dass Entschuldigungen gleichbedeutend mit nachgeben oder einknicken ist? Der Aktive ist immer der, der das Gespräch steuert. Die Entschuldigung ist der erste Schritt dazu.

8. Sie ziehen klare Grenzen

Erstaunlich, aber wahr: Wer sich entschuldigt, zieht auch Grenzen. Das ist ein Teil der eben angesprochenen Führungsrolle. Was Sie zum Gegenstand Ihrer Entschuldigung machen und wie Sie sich entschuldigen, bestimmt die Grenze: entweder, indem Sie sich explizit für einen Teil einer Meinungsverschiedenheit entschuldigen – um den anderen Teil zu betonen und erst noch zu klären. Oder, indem Sie ein bestimmtes Verhalten eindämmen oder zurückweisen.

9. Sie werden angesehener und geschätzter

Offenheit ist Trumpf

Andere Menschen schätzen es sehr, wenn sie merken: Da ist jemand echt, kann eine Meinung ändern, kann Fehler zugeben und hat die Antennen ausgefahren, um sich auch um sein Umfeld zu kümmern. Die Fähigkeit ganz offen sagen zu können: „Es tut mir leid! Ich habe mich nicht gut verhalten“, „Bitte verzeihen Sie mir, ich wollte Sie nicht verletzen“ oder „Bitte entschuldigen Sie. Das war nachlässig von mir“, wird auch in der verfahrensten Situation enorm wertgeschätzt.

10. Sie gestalten Ihr Umfeld und Ihr Leben aktiv

Wer sich nicht entschuldigen kann, wird reaktiv: Er lässt Animositäten bestehen, er macht sich davon abhängig, dass andere auf ihn zukommen, oder nimmt es hin, wenn dem nicht so ist. Sie möchten aber doch sicher viel lieber derjenige sein, der die Zügel in seinem Leben in der Hand hält, oder?

Hätten Sie gedacht, dass so viel an einer Entschuldigung hängen kann? Mit diesen 10 guten Gründen können Sie sich gerade in Situationen, in denen Sie für ein „Verzeihung“ regelrecht über Ihren Schatten springen müssen, dazu motivieren, den ersten Schritt zu tun. Was Ihnen alles dabei hilft, sich zu entschuldigen und dabei selbstverständlich auch Ihre eigenen Interessen zu verfolgen, dazu kommen wir in den folgenden Kapiteln. Zuvor sollten wir uns aber noch die Kehrseite der Medaille ansehen.

7 triftige Gründe, sich nicht zu entschuldigen

Ja, Sie haben richtig gelesen! Es gibt durchaus einige sehr gute Gründe, warum Sie sich nicht entschuldigen sollten.

1. Es gibt keinen Anlass

Inflationäre Entschuldigungen sind nichts wert

Erstaunlich viele Leute entschuldigen sich gewohnheitsmäßig. Meist steckt dahinter eine übertriebe Konfliktscheue oder antrainierte Unterlegenheitsgesten: „Tu mir nichts", „Sei gnädig", „Seien Sie nicht so streng mit mir". Ständig vor sich hergetragene Entschuldigungen oder die Angewohnheit, sich automatisch an allem schuldig zu fühlen, sind ein Zeichen für mangelndes Selbstbewusstsein. Anstatt sich zu entschuldigen, ist es wichtiger, an Stärke und Selbstvertrauen zu arbeiten.

Wer sich andauernd duckt und vorauseilend entschuldigt, schadet seinem Image und macht andere oft sogar aggressiv. Es provoziert im Extremfall das, was eigentlich vermieden werden soll.

2. Sie meinen es nicht

Eine Entschuldigung sollte aufrichtig sein. Abgesehen davon, dass man es in der Regel merkt, wenn das nicht so ist, bitte ich Sie, hier einfach ehrlich zu sein. Sich floskelhaft zu entschuldigen, geht in der Regel schief. Sich als Taktik zu entschuldigen, finde ich nicht nur schade, sondern sogar moralisch verwerflich. Denn der Grund der Entschuldigung ist ja gerade die Einsicht und das Bestreben, einen Fehler oder eine Verletzung wiedergutzumachen.

3. Sie rudern zurück, weil Sie Angst vor Konfrontation haben

Konsequenz zahlt sich aus

Das kennen Sie auch: Sie haben etwas angesprochen, müssen sich aber jetzt der Reaktion des anderen stellen. Entweder in Form von Argumenten, als Vorwurf oder Bestürzung. Was jetzt? Mitunter erscheint einem der Weg des geringsten Widerstands nun besonders attraktiv – und man rudert schnell wieder zurück. Ein Extrembeispiel ist eine private Trennung: Sie haben gesagt, dass Sie Ihren Partner nicht mehr lieben. Dieser fällt aus allen Wolken, es geht ihm richtig schlecht. Das können Sie nicht mit ansehen und hören sich sagen: „Nein, es war nicht so gemeint! Entschuldige!" – und schon haben Sie Ihr wichtiges Vorhaben wieder negiert.

4. Sie werden emotional erpresst

Sich nicht manipulieren lassen

Manchmal ist es nicht einfach eigenes Zurückrudern, sondern das Gegenüber ist ein Meister der Manipulation. Das sind übrigens nicht nur die massiv Auftretenden, sondern oft genug auch die schwachen Opfer, die Druck aufbauen und einen so vom Kurs abbringen. Die emotionale Erpressung ist der Gipfel solcher Manipulationen: Denn hier werden Sie gezielt an den Gefühlen gepackt: „Du bist schuld, dass es mir schlecht geht", „Ich kann ohne dich nicht leben!", „Jaja, sagen Sie das nur dem Chef, wenn Sie es verantworten können, dass ich auf die Straße gesetzt werde und meine Familie nicht mehr ernähren kann". Wenn andere Ihnen immer wieder ein schlechtes Gewissen aufzwingen, sodass Sie das Gefühl haben, sich unbedingt entschuldigen zu müssen, damit es der anderen Person wieder besser geht, sollten alle Alarmglocken schrillen!

5. Es geht um ein Machtspiel

Entschuldigungen werden, auch wenn sie es eigentlich nicht sein sollten, durchaus als Maßstab für Sieg oder Niederlage eingesetzt. Nicht umsonst fragen sich so viele Menschen „Wieso sollte ich mich

entschuldigen?! Ich gebe doch nicht klein bei. Ich bin doch im Recht!" Auf eine Entschuldigung, die nur den Zweck hat, dass einer ein Machtspiel gewinnt, sollten Sie sich nie einlassen.

6. Sie sehen es selbst als Freischein

Leichtfertiges Entschuldigen zählt nicht

Es gibt ja Pappenheimer, die glauben, mit einem „Entschuldigung!" sei alles bereinigt. Da wird dann fleißig über alles hinweggetrampelt, Bedürfnisse, Wünsche und Gefühle anderer verletzt und dann ein bisschen auf Reue gemacht. Auch wenn ich die Fans dieser Methode jetzt vermutlich leider nicht umstimmen kann, hoffe ich darauf, dass sie hellhörig geworden sind, wenn sie eigentlich dieses Verhalten nicht gut finden – es vielleicht nur noch nicht von dieser Seite betrachtet haben.

7. Der andere lenkt von sich ab

Sie konfrontieren jemanden mit einer Sache, dieser „dreht" die Angelegenheit blitzschnell, indem er Ihnen einen Vorwurf macht. Ein Klassiker: Eine Frau schaut ins Handy ihres Freundes und findet dort die SMS einer anderen. Sie konfrontiert ihn. Er regt sich maßlos auf und zetert: „Wie? Du gehst einfach an mein Handy? Vertrauensbruch!!!" Wann immer jemand eine Situation dieser Art durch eine Anschuldigung umdreht, ist es wichtig, nicht darauf einzusteigen.

Sich entschuldigen oder es gerade nicht zu tun ist eine sehr komplexe Angelegenheit. Vor der Entscheidung, ob und wie Sie sich entschuldigen, steht allerdings erst einmal die grundsätzliche Entschuldigungsbereitschaft. Es kommt gar nicht so selten vor, dass sich Menschen nicht gut entschuldigen können oder es sogar aus Prinzip nicht tun. Wie ist das eigentlich bei Ihnen ...?

Selbst-Check: Können Sie sich entschuldigen?

Sich selbst einschätzen

Am meisten bringt Ihnen dieses Buch, wenn Sie es dafür nutzen, sich selbst zu coachen. Anstatt also einfach draufloszulesen, ist es günstig, wenn Sie zunächst Ihre eigene Bestandsaufnahme zum Thema machen. Sie können mit den Ergebnissen dann die weiteren Kapitel sehr viel nutzbringender lesen und die Tipps dann auch viel eher in Ihrem Alltag praktisch umsetzen.

Nachfolgend habe ich einige kleine Fragebögen für Sie erstellt. Nehmen Sie sich etwas Zeit, die einzelnen Fragen wirklich zu überdenken. Seien Sie bitte ehrlich mit sich, auch wenn es Fragen gibt, bei denen Sie weniger populäre Antworten geben.

Wie stehen Sie zu Entschuldigungen?

Was ist Ihre generelle – ganz spontane – Ansicht zu Entschuldigungen?

☐ Ich finde es wichtig, sich zu entschuldigen.
☐ Wenn es aus meiner Sicht einen Anlass gibt, kann ich mich entschuldigen.
☐ Wenn etwas meine Schuld ist, kann ich mich auch entschuldigen.
☐ Ich entschuldige mich, wenn ich das Gefühl habe, jemanden verletzt zu haben.
☐ Lösungen sind wichtig, aber keine Entschuldigungen.
☐ Entschuldigungen schwächen die eigene Position.
☐ Entschuldigungen sind meistens nur eine Floskel.
☐ Im privaten Bereich entschuldige ich mich.
☐ Im beruflichen Bereich entschuldige ich mich.

☐ ______________________________

Ihre Entschuldigungsbereitschaft – wann fallen Ihnen Entschuldigungen besonders leicht oder schwer?

Die eigene Entschuldigungsbereitschaft testen

Die folgenden Fragen sind aufgeteilt in Ihr Privat- und Berufsleben. Die meisten Menschen unterscheiden zwischen privaten und beruflichen Vorkommnissen. Da es zudem oft einen sehr großen Unterschied macht, wem gegenüber wir uns entschuldigen wollen (oder sollen), stelle ich Ihnen die gleichen Fragen mit jeweils unterschiedlichem Gegenüber. Vermutlich ist ein wichtiger Faktor für Sie auch, ob Sie den anderen mögen oder nicht.

Bitte versetzen Sie sich, bevor Sie antworten, jeweils in die vorgegebene Situation. Vielleicht fallen Ihnen auch zwei, drei konkrete Beispiele dazu ein. Beantworten Sie dann, wie sehr Sie in der jeweiligen Situation zu einer Entschuldigung überhaupt bereit sind und ob es Ihnen leicht- oder schwerfallen würde, sich zu entschuldigen. Nutzen Sie die freien Zeilen dafür, eigene Überlegungen zu ergänzen.

Im Privatleben

Überlegen Sie sich bitte zunächst, wie Sie privat mit Entschuldigungen umgehen. Sie differenzieren zudem nach dem jeweiligen Gegenüber: Es kann gut sein, dass Ihnen das Entschuldigen bei sehr nahestehenden Menschen sehr viel schwerer fällt, weil eine Verletzung sehr viel mehr Gewicht hat.

→ gegenüber Familie und engen Freunden:

	Meine Entschuldigungsbereitschaft ist:		Mich zu entschuldigen fällt mir dann:	
	hoch	niedrig	leicht	schwer
… wenn ich in einen Fettnapf getreten bin.	☺	☹	☺	☹
… wenn ich jemanden verletzt habe.	☺	☹	☺	☹
… wenn ich etwas versäumt habe.	☺	☹	☺	☹
… wenn ich einen Fehler gemacht habe.	☺	☹	☺	☹
… wenn mir jemand etwas vorwirft.	☺	☹	☺	☹

… wenn sich jemand unfair behandelt fühlt.	☺	☹	☺	☹
______________________________	☺	☹	☺	☹
______________________________	☺	☹	☺	☹

→ gegenüber weitläufigeren Bekannten und fremden Menschen:

	Meine Entschuldigungsbereitschaft ist:		Mich zu entschuldigen fällt mir dann:	
	hoch	niedrig	leicht	schwer
… wenn ich in einen Fettnapf getreten bin.	☺	☹	☺	☹
… wenn ich jemanden verletzt habe.	☺	☹	☺	☹
… wenn ich etwas versäumt habe.	☺	☹	☺	☹
… wenn ich einen Fehler gemacht habe.	☺	☹	☺	☹
… wenn mir jemand etwas vorwirft.	☺	☹	☺	☹
… wenn sich jemand unfair behandelt fühlt.	☺	☹	☺	☹
______________________________	☺	☹	☺	☹
______________________________	☺	☹	☺	☹

Im beruflichen Kontext

Wie wir mit dem Entschuldigen umgehen, hat gerade im Beruf sehr viel mit dem jeweiligen Gegenüber zu tun: ob wir die Person schätzen, in der Hierarchie „über“ oder „unter“ ihr stehen, wie wir das gesamte Geschäftsverhältnis beurteilen. Es kann sehr gut sein, dass Sie auch in beruflichen Situationen Unterschiede machen.

→ gegenüber Vorgesetzten:

	Meine Entschuldigungs-bereitschaft ist:		Mich zu entschuldigen fällt mir dann:	
	hoch	niedrig	leicht	schwer
… wenn ich in einen Fettnapf getreten bin.	☺	☹	☺	☹
… wenn ich jemanden verletzt habe.	☺	☹	☺	☹
… wenn ich etwas versäumt habe.	☺	☹	☺	☹
… wenn ich einen Fehler gemacht habe.	☺	☹	☺	☹
… wenn mir jemand etwas vorwirft.	☺	☹	☺	☹
… wenn sich jemand unfair behandelt fühlt.	☺	☹	☺	☹
______________________________	☺	☹	☺	☹
______________________________	☺	☹	☺	☹

→ gegenüber Kollegen:

	Meine Entschuldigungs-bereitschaft ist:		Mich zu entschuldigen fällt mir dann:	
	hoch	niedrig	leicht	schwer
… wenn ich in einen Fettnapf getreten bin.	☺	☹	☺	☹
… wenn ich jemanden verletzt habe.	☺	☹	☺	☹
… wenn ich etwas versäumt habe.	☺	☹	☺	☹
… wenn ich einen Fehler gemacht habe.	☺	☹	☺	☹
… wenn mir jemand etwas vorwirft.	☺	☹	☺	☹
… wenn sich jemand unfair behandelt fühlt.	☺	☹	☺	☹
______________________________	☺	☹	☺	☹
______________________________	☺	☹	☺	☹

→ gegenüber Kunden:

	Meine Entschuldigungs-bereitschaft ist:		Mich zu entschuldigen fällt mir dann:	
	hoch	niedrig	leicht	schwer
… wenn ich in einen Fettnapf getreten bin.	☺	☹	☺	☹
… wenn ich jemanden verletzt habe.	☺	☹	☺	☹
… wenn ich etwas versäumt habe.	☺	☹	☺	☹
… wenn ich einen Fehler gemacht habe.	☺	☹	☺	☹
… wenn mir jemand etwas vorwirft.	☺	☹	☺	☹
… wenn sich jemand unfair behandelt fühlt.	☺	☹	☺	☹
________________________________	☺	☹	☺	☹
________________________________	☺	☹	☺	☹

→ gegenüber Lieferanten:

	Meine Entschuldigungs-bereitschaft ist:		Mich zu entschuldigen fällt mir dann:	
	hoch	niedrig	leicht	schwer
… wenn ich in einen Fettnapf getreten bin.	☺	☹	☺	☹
… wenn ich jemanden verletzt habe.	☺	☹	☺	☹
… wenn ich etwas versäumt habe.	☺	☹	☺	☹
… wenn ich einen Fehler gemacht habe.	☺	☹	☺	☹
… wenn mir jemand etwas vorwirft.	☺	☹	☺	☹
… wenn sich jemand unfair behandelt fühlt.	☺	☹	☺	☹
________________________________	☺	☹	☺	☹
________________________________	☺	☹	☺	☹

Zur ebenso wichtigen Frage, wie Sie selbst mit Entschuldigungen umgehen, kommen wir im 4. Kapitel.

Und so arbeiten Sie mit Ihren Antworten weiter

Muster in den Antworten erkennen

Wo haben Sie Ihre Kreuze gemacht? Verschaffen Sie sich einen Überblick darüber, wann Ihre Entschuldigungsbereitschaft besonders hoch ist und Ihnen das Entschuldigen sehr leichtfällt, und achten Sie besonders darauf, wann Sie ☹ angekreuzt haben. Gibt es hier ein Muster?

→ Haben Sie Unterschiede zwischen Privat- und Berufsleben gemacht? Gibt es innerhalb der Rubriken „Privat" und „Beruflich" Unterschiede?

Tun Sie sich beispielsweise leicht damit, Fehler bei Kollegen zuzugeben, aber nicht gegenüber dem Chef? Oder kommen Sie mit einem Vorwurf vom Chef besser klar als mit dem eines aufgebrachten Kunden? Das ist ganz normal und absolut menschlich. Es zeigt aber auch, dass Sie sich zu sehr von anderen leiten lassen. Das Ziel ist immer Selbstbewusstsein und unabhängiges Handeln. Insofern sollte Ihre Entschuldigungsbereitschaft idealerweise nicht vom Gegenüber abhängen.

Ergebnisse ausformulieren

Damit Sie daran gezielt arbeiten können, schreiben Sie sich die Unterschiede, die Sie gemacht haben, genauer auf. Fragen Sie sich: Welche Gründe stecken dahinter, dass Sie sich bei dem einen Gegenüber sehr leichttun, aber sich beim gleichen Anlass bei einer anderen Person schwertun oder gar sperren? Ergänzen Sie Ihre Überlegungen, Befürchtungen oder Prinzipien.

→ Haben Sie keine Unterschiede gemacht, sehen also alle Ihre Antworten in allen Rubriken gleich aus?

Wenn Sie grundsätzlich entschuldigungsbereit sind, weil Sie den Auslöser und das Bereinigen einer Situation in den Mittelpunkt stellen und sich nicht vom jeweiligen Gegenüber beeinflussen lassen, dann ist das insofern hervorragend, als Sie in puncto Selbstmanagement schon sehr weit sind. Machen Sie keine Unterschiede, aber sperren sich generell oder tun sich durch die Bank schwer, gibt es noch Einiges zu tun, um in dieser Beziehung noch mehr an Souve-

ränität und Eigenverantwortung zu gewinnen. Die Tipps im Buch unterstützen Sie dabei!

TIPP

Wenn Sie das nächste Mal an einer Situation zu knabbern haben und mit einer Entschuldigung hadern, dann machen Sie den Schnell-Check.

Meine Entschuldigungsbereitschaft ist gerade:		Mich bei ... zu entschuldigen fällt mir gerade:	
hoch	niedrig	leicht	schwer
☺	☹	☺	☹
weil:		weil:	
______________________		______________________	
______________________		______________________	
______________________		______________________	
______________________		______________________	
______________________		______________________	

Auf diese Weise konzentrieren Sie sich auf das, was entscheidend dafür ist, ob und wie Sie sich entschuldigen. Sie nehmen vor allen Dingen Ihre eigenen Barrieren ernst. Wie vielfältig diese sein können, gerade wenn wir Angst haben oder trotzig sind, und wie Sie diese dann überwinden können, dazu kommen wir jetzt.

2.

Sorry seems to be the hardest word

Warum uns entschuldigen so schwerfällt

Ganz bestimmt haben Sie schon öfter in Ihrem Leben über eine Entschuldigung gegrübelt: Soll ich … müsste ich … kann ich … will ich … Das Miteinander mit anderen ist oft schon im ganz normalen Alltag schwer genug. Wenn es jetzt noch um heikle Situationen und vor allen Dingen um Gefühle geht, wird es ganz schnell ziemlich kompliziert.

Entschuldigungshürden

Sie haben im ersten Kapitel Ihre grundsätzliche Haltung zu Entschuldigungen hinterfragt. Vielleicht haben Sie das eine oder andere Muster erkannt, wann Ihnen eine Bitte um Verzeihung leichtfällt und wann Sie sich so richtig schwer damit tun.

In diesem Kapitel liegt der Schwerpunkt auf den zahlreichen Hürden, die sich oft vor einer Entschuldigung aufbauen: ein schlechtes Gewissen, Vorbehalte und Befürchtungen oder sogar die persönliche „Unfähigkeit“, sich zu entschuldigen.

Natürlich spielen auch Antipathien und Trotz eine Rolle. Bei manchen Menschen will man sich aus Prinzip nicht entschuldigen. Oder Sie fühlen sich im Recht und beißen sich lieber die Zunge ab, als einzulenken.

So menschlich auch solche Reaktionen sind, ist das Ziel ja ein souveräner Umgang mit schwierigen Situationen. Darum heißt es: die Hürden erkennen, überprüfen – sich aber niemals davon einschränken lassen!

Keine Sorge: Selbstverständlich sollen Sie bei einer Entschuldigung durchaus Ihre eigenen Interessen wahren.

„Ich möchte mich eigentlich entschuldigen, aber …“: Wie Sie mit dem schlechten Gewissen umgehen

Das schlechte Gewissen plagt uns ziemlich schnell: Wenn wir jemandem auf den Schlips getreten sind, ihn vielleicht regelrecht verletzt haben; wenn uns ein Fehler unterläuft; wenn wir etwas getan oder unterlassen haben, das wir nachträglich bereuen … Jeder von uns weiß, wie nahe einem das geht und wie lange es einen verfolgt. Ein schlechtes Gewissen läuft meistens auf folgende Reaktionen hinaus:

Das Hadern

„Hätte ich …“

Die Gedankenmühle springt an, wir spulen die Situation wieder und wieder im Kopf ab: „Hätte ich nur nicht …“, „Ich hätte besser dieses und jenes gemacht“. Wir bereuen oder malen uns die besseren Alternativen aus. Das Problem dabei: Was passiert ist, ist passiert. Kein Hadern der Welt hilft Ihnen dabei, diese Tatsachen ungeschehen zu machen.

Zurück in die Gegenwart

So bringen Sie sich wieder auf Kurs: Am wirkungsvollsten stellen Sie das Hadern ab, wenn Sie sich sofort nachdrücklich in die Gegenwart zurückholen. Fragen Sie sich – am besten laut – „[Ihr Name], kannst du die Zeit zurückdrehen?“, und antworten Sie sich auch! Das klingt merkwürdig, ich weiß, doch es ist eine selbst erprobte wirksame Taktik. Wenn ich mich im „Hätte ich nur!“ verfange, sage ich: „Gitte, kannst du die Zeit zurückdrehen? – Nein.“ Das laute Aussprechen und nicht nur das logische Wissen, dass das natürlich nicht geht, sondern die Frage und die Antwort bringen Sie sofort in einen konstruktiven „Das ist jetzt so gelaufen, was kann ich jetzt tun“-Modus.

Die bessere Alternative zum Hadern ist: Aus Fehlern lernen. Etwas zu bereuen ist dann sinnvoll, wenn Sie die Angelegenheit und sich

selbst fair betrachten: „Ich wünschte, ich hätte nicht …" oder „Ich wünschte, ich hätte besser …, weil …" Auf diese Weise setzen Sie sich damit auseinander, warum Sie ein Verhalten nachträglich für ungut halten und was eine bessere Alternative (für das nächste Mal!) ist. Und Sie setzen damit schon den inhaltlichen Grundstein für Ihre aufrichtige Entschuldigung.

Das Sich-selbst-Runtermachen

Der Betroffene wird vernachlässigt

Die verschärfte Form des Haderns ist, sich selbst runterzumachen. Wir werden persönlich. „Ich Dummi habe XY getan", „Warum muss ich immer so grob sein?!", „Ich bin so taktlos!", „Kein Wunder, dass mich keiner mag!" – Menschen, die überkritisch mit sich sind, sind oft sehr fantasievoll darin, was sie sich noch alles vorwerfen könnten.

Das Problem dabei ist, dass Sie die Angelegenheit damit unnötig verschärfen und an Ihrem Selbstbewusstsein graben. Sie verstärken ein tatsächliches oder gefühltes Fehlverhalten und machen auch aus Mücken riesengroße Elefanten. Sie richten den Scheinwerfer damit ausschließlich auf sich selbst: auf Ihre Gefühle, Ihr Fehlverhalten, Ihr „Unvermögen" – der eigentliche Vorfall und vor allen Dingen der Betroffene rücken in den Hintergrund. Genau wie beim Hadern kommt hinzu, dass Sie nicht aus der Sache lernen, wenn Sie nur an sich herummäkeln. Schließlich blasen Sie die Angelegenheit so dramatisch auf und machen sich gleichzeitig so weit herunter, dass eine Entschuldigung fast unmöglich wird. Selbst wenn Sie sich dazu entschließen, ist die Wahrscheinlichkeit sehr groß, dass die Entschuldigung als nicht aufrichtig oder eigennützig aufgefasst wird. Die bessere Lösung ist daher, ganz nah beim aktuellen Anlass zu bleiben, und wenn es etwas an Ihrem Verhalten zu optimieren gibt, dann schauen Sie ganz genau und sachlich hin: „Ich habe dies und das in der Situation getan/unterlassen/gesagt … es ist nicht gut/ich bereue es/ich ärgere mich darüber, weil …" Wie schon beim Hadern können Sie dadurch konstruktiv lernen, gewinnen wichtigen Abstand und erlauben sich, lösungsorientiert an die Klärung heranzugehen.

Das Relativieren

Vom Problem ablenken

Wenn uns das schlechte Gewissen plagt, relativieren wir nur zu gerne: „Das ist doch nicht so schlimm! Er hat ja auch …“, „Das muss man im Berufsleben schon aushalten können!“, „Sie darf das nicht auf die Goldwaage legen, man sagt schon mal in der Hitze des Gefechts Dinge, die man nicht so meint“. Manchmal relativiert man, indem man aufrechnet, was die andere Person „schon mal“ gemacht hat oder was einem selbst schon viel Schlimmeres passiert ist.

Das Problem beim Relativieren ist: Wir lenken ab und verwässern das Vorgefallene zu unseren Gunsten. Im Extremfall überzeugen wir uns sogar, dass es keinen Grund für eine Entschuldigung gibt. Diese innere Haltung ist wahrnehmbar, auch wenn Sie Ihrem Bedürfnis, sich zu entschuldigen, dann doch noch nachkommen. Nutzen wir das Relativieren nur, um das schlechte Gewissen mundtot zu machen, funktioniert es ohnehin meist nicht, denn dieses nagende, ungute Gefühl lässt sich nicht mal eben durch Logik bekämpfen.

Gefühle ernst nehmen

Wenn Sie sich beim Relativieren ertappen, sagen Sie sich innerlich: „Stopp! Ich möchte mich jetzt genau mit dem Vorfall und meinem Gefühl dazu auseinandersetzen.“ Die bessere Lösung ist, alle Fakten und Gefühle für sich selbst auf den Tisch zu bringen. Und sich dabei immer zu erinnern, dass Verletzungen genauso wie Schamgefühle immer subjektiv sind. Damit haben sie auch immer die Berechtigung, ernst genommen zu werden.

Das Verdrängen

Die verschärfte Variante des Relativierens ist das Verdrängen: Hier reden Sie eine Sache nicht mehr klein, sondern Sie leugnen vor sich selbst, dass etwas passiert ist. Sie drücken die Intuition, dass etwas nicht stimmt, einfach weg. Wenn jemand Sie darauf anspricht – eine dritte Person oder sogar die Person, um die es geht –, leugnen Sie, gehen nicht weiter darauf ein oder wechseln demonstrativ das Thema.

Verdrängen kann aber auch bedeuten, dass Sie so tun, als ob Sie sich nicht erinnern oder sogar so weit gehen, dass Sie sich ehrlich nicht erinnern, zumindest auf keinen Fall so, wie andere Anwesende die Sache erlebt haben. Auch die Zeit trägt dazu bei, dass wir Erinnerungen beschönigen. So leiden manche, deren Kindheit alles andere als ein Zuckerschlecken war, darunter, dass sich ihre Eltern rückwirkend an ein perfektes Familienleben erinnern.

Tatsachen verleugnen bringt nichts

Das Problem beim Verdrängen ist: Das, was wir verdrängen wollen, ist ja passiert. Nur, weil wir so tun, als ob es nicht (oder nicht in dieser Weise) vorgefallen ist, stimmt das ja nicht. Das Umfeld, besonders aber die betroffene Person, fühlt sich wie vor den Kopf gestoßen. Sie verwehren sich selbst und anderen die Chance, etwas wiedergutzumachen. Die bessere Lösung ist, die innere Stimme oder auch die offene Reaktion anderer anzuhören. Auch wenn Sie selbst eine Situation anders erleben und in Erinnerung haben, hat der Blickwinkel der anderen Person ebenso seine Berechtigung. Es gibt den schönen Spruch: „Es gibt immer drei Sichtweisen. So, wie ich es sehe, so wie du es siehst und so, wie es wirklich war."

Der anderen Person aus dem Weg gehen

Vermeidungsstrategie

Leider führt ein schlechtes Gewissen nur zu oft auch dazu, dass man die andere Person einfach meidet. Man ruft die Arbeitskollegin, mit der man sich immer gut unterhalten hat, einfach nicht mehr an. Man geht bewusst zu anderen Zeiten aus dem Haus als die Nachbarn. Und so manche Familien reden jahrelang nicht mehr miteinander – oft genug, ohne dass eine der beteiligten Personen überhaupt weiß, wo die Funkstille herrührt. Nicht immer ist so eine Vermeidungsstrategie darin begründet, dass jemand etwas übelnimmt. Manchmal ist es schlichtweg das schlechte Gewissen, eine Peinlichkeit oder Unsicherheit, die dazu führt, dass andere den Kontakt abbrechen.

Das Problem dabei ist, dass Konflikte erst dadurch heraufbeschworen werden oder zumindest eine Klärung unmöglich ist. Außerdem ist es menschlich oft sehr tragisch, wenn Beziehungen distanzierter

werden oder sogar komplett abbrechen. Die bessere Lösung ist: Immer einen Schritt auf die andere Person zuzugehen, zunächst erstmal in Gedanken. Je mehr Sie den Impuls haben, jemandem aus dem Weg gehen zu müssen, wenn Sie ein schlechtes Gewissen haben, weil Sie sich falsch verhalten haben oder weil die andere Person etwas in den falschen Hals bekommen hat, desto mehr ist dieser Schritt auf den anderen zu angebracht. Wie Sie das tun können, erfahren Sie in den Kapiteln 3 und 4.

Bestimmt haben Sie eine oder alle dieser Strategien auch in Ihrem Repertoire, wenn sich Ihr schlechtes Gewissen meldet.

> Gleichzeitig wissen wir sehr genau, dass diese Strategien in der Regel nichts bringen, sondern die Sache meist nur noch schlimmer machen:
> ... weil wir uns oder anderen zusätzlich eins auf die Mütze geben.
> ... weil wir aufgewühlt sind, uns aufregen oder gar schlaflose Nächte haben.
> ... weil sogar bislang gute Beziehungen dadurch Schaden nehmen.
> ... und weil sich durch diese fünf Strategien auch eine zeitliche Verzögerung ergibt.

Frontenbildung vermeiden

Eine solche Verzögerung kann dazu führen, dass es zu Frontenbildung kommt oder dass, wenn Sie sich schließlich zur Entschuldigung entschließen, der andere sie „jetzt nicht mehr" hören möchte.

Das schlechte Gewissen ist also ein nützlicher Hinweis für uns, dass etwas im Argen liegt – vielleicht „nur" in uns selbst. Anstatt es wegzudrücken, geht es also darum, hinzuhören und sachlich zu beleuchten: „Was quält mich? Gibt es hier Handlungsbedarf?" Damit Sie das auf konstruktive Weise tun können, gebe ich Ihnen fünf Schritte an die Hand, die Sie immer dann durchgehen können – am besten schriftlich –, wenn sich das schlechte Gewissen meldet. Damit Sie sich noch besser vorstellen können, wie Sie diese fünf Schritte praktisch anwenden können, nutzen wir folgendes Beispiel.

Ihre Kollegin ist gerade dabei, abzunehmen. Beim Ausstand des Kollegen hat sie zweimal zur Torte gegriffen. Sie haben sie an ihren Vorsatz erinnert, nicht so viel Süßes zu essen. Daraufhin hat sie den Rest des Tages nicht mehr mit Ihnen gesprochen. Sie sind verärgert, aber das schlechte Gewissen nagt gleichzeitig an Ihnen: Waren Sie etwa taktlos? Haben Sie die Kollegin verletzt, weil Sie auf ihr Gewicht angespielt haben? Oder hat sie ihr Gesicht verloren, weil Sie ihre mangelnde Selbstdisziplin thematisiert haben?

Schritt 1: Hinhören

Innere Stimme wahrnehmen

Nehmen Sie wahr, was Ihre innere Stimme sagt: Lassen Sie sie weder endlos labern noch ersticken Sie sie im Keim, sondern hören Sie einmal genau hin, worum es wirklich geht. Zunächst unzensiert und ohne Unterbrechung.

„Das ist ja mal wieder typisch! Ständig sagt sie mir, dass sie nicht so viel Süßkram essen will, aber wenn ich sie daran erinnere, bin ich der Depp. Dabei habe ich es ganz nett gesagt und wollte ihr nur helfen, auf Kurs zu bleiben. Aber da sieht man wieder: Es ist besser, sich nicht einzumischen. Dann sag ich eben nichts mehr! Was für ein kindisches Verhalten, jetzt nicht mehr mit mir zu reden! Ich bekomme den Schwarzen Peter, weil sie keine Selbstdisziplin hat."

TIPP

Wenn Ihnen etwas so richtig nahegeht, Sie vielleicht dadurch nicht einschlafen können, versuchen Sie folgende Übung: Nehmen Sie sich Ihre Eieruhr (oder die Stoppuhr aus dem Handy) und stellen Sie sie auf acht Minuten. Schreiben Sie nun acht Minuten lang ohne Unterbrechung alles auf, was Ihnen zu dieser Sache im Kopf herumschwirrt. Zensieren Sie sich nicht, aber bleiben Sie bei sich und dem Vorfall. Also schreiben Sie nicht etwa eine Schimpftirade über jemanden auf, sondern konzentrieren Sie sich auf das, was geschehen ist und was es in Ihnen auslöst. Schreiben Sie die acht Minuten ohne Unterbrechung durch: frisch von der Leber weg. Das leert den Sturm im Kopf und bringt das schlechte Gewissen zur Ruhe.

Schritt 2: Wertungen raus!

Konstruktiv herangehen

Gewöhnen Sie sich an, sachlich zu bleiben: Das bedeutet nicht, dass Sie neutral über den Dingen stehen, sondern es heißt: Sie nehmen Ihre Gefühle ernst, ohne sich in die eine oder andere Richtung zu manipulieren. Und Sie werten weder sich selbst noch andere ab. Da wir in der Regel emotional sind, wenn uns etwas so stark beschäftigt, ist das erst der zweite Schritt nach dem unzensierten Rauslassen. Sie nehmen im ersten Schritt alles wahr und ernst und lenken sich nun auf konstruktives Gelände. Die gute Nachricht: Das geht nach und nach ins Blut über, so dass Sie von Haus aus konstruktiver an die Dinge herangehen – auch schon in Gedanken. Dadurch werden Sie automatisch gelassener und können zielgerichteter Handeln, auch wenn es einmal schwierig wird.

Verallgemeinerungen vermeiden

Wertungen sind in unserem Beispiel: „Mal wieder typisch", „Ich bin der Depp", „Aber da sieht man wieder: Es ist besser, sich nicht einzumischen. Dann sag ich eben nichts mehr!", „Was für ein kindisches Verhalten", „Ich bekomme den Schwarzen Peter", „Sie hat keine Selbstdisziplin". Vermeiden Sie Verallgemeinerungen, bleiben Sie immer bei der konkreten Situation und äußern Sie sich nie abfällig über die andere Person. Vergleichen Sie einmal diese sachliche Schilderung des Vorfalls mit der ersten, emotionalen Variante.

„Meine Kollegin will ein paar Kilo abnehmen. Das hat sie mir seit Tagen erzählt. Vor allen Dingen will sie nicht mehr so viel Süßkram essen. Ich habe sie daran erinnert, um sie auf Kurs zu halten. Jetzt scheint sie verletzt zu sein."

Na, das hört – und fühlt – sich gleich ganz anders an! Dieser sachliche Blick ist in der Regel nicht auf Anhieb möglich. Darum ist es so wichtig, sich damit einen konstruktiven (und unaufgewühlten) Blickwinkel zu verschaffen. Der nächste Schritt hilft Ihnen dabei enorm.

Schritt 3: Fakten von Annahmen trennen

Spekulationen sind gefährlich

Wir sind Meister im Spekulieren: „Das hat er bestimmt gemacht, weil ...", „Sie ist sicher sauer wegen ...", „Er muss enttäuscht von mir sein ...", „Sie hat das geplant!" Den größten Gefallen, den Sie sich tun können: Halten Sie sich immer an das, was Sie wirklich wissen. Glauben oder Hörensagen sind keine Fakten, sondern führen nur dazu, dass Sie sich in etwas reinsteigern und verrennen. Da wir zudem dazu neigen, negativ zu spekulieren, schaffen Sie Fronten, die auf selbst ausgemalten Horrorszenarien basieren. Besser ist es, wenn Sie sich Ihrer Annahmen bewusst werden:

- *„Die Kollegin hat irgendetwas in den falschen Hals bekommen. Ich nehme an, dass es ihr nicht angenehm war, auf ihr Gewicht oder auf die Selbstdisziplin angesprochen zu werden. Vielleicht hat sie auch gestört, dass ich es vor anderen gesagt habe (auch wenn ich es diskret und leise gesagt habe)."*
- *„Ich fühle mich ungerecht behandelt, weil ich den Eindruck hatte, sie hat mich am Nachmittag, seit diesem Vorfall, gemieden. Ich weiß allerdings nicht sicher, was der Grund dafür ist. Es könnte auch sein, dass etwas anderes vorgefallen ist oder sie selbst ein schlechtes Gefühl hat, weil sie schwach geworden ist – und mir überhaupt keinen Vorwurf macht."*

Auf die Inhalte konzentrieren

Sehen Sie, wie gut es war, dass wir im Schritt 2 die Wertungen herausgenommen haben? Dadurch konnten wir die ganzen eigenen Annahmen und Unterstellungen direkt aus der sachlichen Analyse rausnehmen und uns auf die tatsächlichen Inhalte konzentrieren. Auf diese Weise bleibt man viel ruhiger und handlungsfähiger. Halten Sie sich besonders von Unterstellungen, negativen Zukunftsszenarien, fern und schelten Sie sich nicht selbst.

So nicht	So geht's konstruktiv
Unterstellungen	**Bei sich selbst bleiben**
■ Er hat das geplant … ■ Sie denkt sicher … ■ Das ist, weil …	■ Ich habe den Eindruck, dass … ■ Ich nehme an, sie denkt … ■ Ich kann mir vorstellen, dass …
Sich selbst schelten – etwas einsehen oder bereuen ist in Ordnung. Aber es muss konstruktiv und fair geschehen.	**Fair bleiben – reflektieren Sie, aber in der Ich-Form:**
■ Ich trete immer in Fettnäpfchen! ■ Wieso bin ich nur so taktlos gewesen?! ■ Das hätte mir nicht passieren dürfen!	■ Ich habe ein schlechtes Gewissen, weil … ■ Rückblickend kommt es mir taktlos vor, dass ich … ■ Ich wünschte, ich hätte anders gehandelt, und zwar …
Negative Zukunftsszenarien –	**Alternativen in alle Richtungen:**
mit Horrorszenarien bringen wir uns in eine negative Einstellung: ■ Mit ihr kann man eh nicht reden. ■ Die Entschuldigung würde er gar nicht annehmen. ■ Das wird ganz furchtbar, wenn ich das nochmal anspreche.	■ Man kann mit jedem über alles reden, ■ Ich bin sicher, ich kann sie zumindest zum Zuhören bewegen. ■ Es kann sein, dass es schwierig für ihn ist, die Entschuldigung anzunehmen. ■ Ich habe Bammel, es nochmal anzusprechen.

Schritt 4: Perspektivenwechsel

Einfühlungsvermögen trainieren

Versetzen Sie sich immer auch in die Lage des anderen. Das heißt nicht, dass Sie mit ihm einer Meinung sein müssen. Es heißt lediglich, dass Sie Ihr Einfühlungsvermögen trainieren und sich innerlich darauf einlassen, die Sache aus dem Blickwinkel anderer zu betrachten. Es kann sein, dass Ihnen der Perspektivenwechsel nicht leichtfällt. Nicht jeder kann sich in andere gleich intensiv hineinversetzen – besonders, wenn man selbst betroffen ist, ein schlechtes Gewissen hat oder sich unfair behandelt fühlt, geht einem diese Fähigkeit oft verloren. Manchmal sperrt man sich auch aus Prinzip.

In den Schuhen des anderen stehen

Der Perspektivenwechsel spielt jedoch eine zentrale Rolle, wenn es um das Entschuldigen geht: Hier ist etwas vorgefallen, das Beteiligte unterschiedlich wahrnehmen. Und gerade diese unterschiedliche Wahrnehmung erfordert es, die verschiedenen Blickwinkel auch einzunehmen. Im Englischen gibt es die Redewendung „to stand in someone else's shoes" („in den Schuhen des anderen stehen"). Ich finde das ein sehr schönes Bild, denn es ist viel stärker als das deutsche „sich in jemanden reinversetzen". In den Schuhen von jemandem zu stehen symbolisiert den Standpunkt und fühlt sich viel intensiver an.

„Die Kollegin kämpft schon länger mit ihrem Gewicht. Es ist ein heikles Thema für die meisten Leute, sodass ich schon verstehe, wenn sie deswegen etwas emotionaler reagiert. Das geht mir ja auch manchmal so. Manchmal ist man auch ärgerlich auf sich selbst, wenn man sich dabei ertappt, ein Vorhaben nicht durchzuziehen."

Stichwort Empathie

Perspektivenwechsel heißt: Sie überlegen, wie sich die Situation aus Sicht des anderen wohl darstellt. Hüten Sie sich davor, Ihr eigenes Verhalten und Ihre eigenen Gefühle dem anderen überzustülpen! Denn natürlich ist der Perspektivenwechsel ebenfalls immer nur eine Annahme. Doch Sie nutzen die uns Menschen eigene Empathie dafür, sich in das Gegenüber einzufühlen.

3 wichtige Fragen

Diese Fragen helfen Ihnen dabei, sich in die Schuhe anderer zu stellen:

- Wie hat der andere diesen Vorfall wohl erlebt? (Wie hat sich das aus seiner Sicht dargestellt? Habe ich ihn „kalt erwischt"? Hatte er nicht alle Informationen? …)
- In welcher Situation steckt der andere gerade? (Das kann aktueller Druck sein, eine schwierige Lebensphase, eine totale Unbeschwertheit, Angst vor etwas …)
- Wenn ich an seiner Stelle gewesen wäre? Wie hätte ich wohl reagiert? (Wie hätte ich mich verhalten? Wie hätte ich mich gefühlt?)

Schritt 5: Standpunkt-Check

Wie stehen Sie, besonders nach dieser näheren Analyse, zu dem Vorfall? Hat sich etwas geändert? Was haben Sie daraus gelernt? Und vor allem: Was ist der Plan?

- *„Ich mag meine Kollegin sehr gerne und möchte das morgen früh gleich mit ihr klären. Ich werde sie einfach fragen, ob mein Eindruck richtig war, dass sie nicht mehr mit mir gesprochen hat – und warum das so war.*
- *Ich möchte richtigstellen, dass ich sie auf ihren Vorsatz, weniger Süßes zu essen, nur hingewiesen habe, weil ich sie unterstützen möchte. Wenn sich im Gespräch herausstellt, dass sie verletzt war, möchte ich mich dafür entschuldigen.*
- *Ich will aber auch mit ihr klären, wie wir mit dem Thema im Büro umgehen sollen. Immerhin ist das Abnehmen jetzt noch länger ein großes Thema für sie. Wenn sie lieber möchte, dass ich mich raushalte, werde ich das tun. Wenn sie aber Unterstützung möchte, geht es nicht, dass solche Unstimmigkeiten dann wieder aufkommen.*
- *Ich will auch mit ihr vereinbaren, dass wir offen miteinander reden, wenn uns etwas stört. Anschweigen und vermeiden ist nicht der richtige Weg."*

5 Schritte schriftlich festhalten

Sie sehen: Diese fünf Schritte nützen Ihnen für jede Situation mit anderen Menschen, sie sind aber ganz besonders wichtig, wenn es um eine Entschuldigung geht. Sie schaffen damit Durchblick und Handlungsfähigkeit. Und Sie setzen den Grundstein dafür, dass die Entschuldigung richtig ankommt und die vorgefallene Sache klärt. Wenn Sie diese Schritte schriftlich durcharbeiten, können Sie sich besser sortieren und huschen nicht schnell-schnell (und oberflächlich!) durch. Die Erfahrung zeigt auch, dass sich mit dem gründlichen Durcharbeiten die quälende Gedankenmühle abstellen lässt.

„Ich habe Angst …“: Angst als Entschuldigungsverhinderer

Häufige Angstfaktoren

Angst stellt einen der größten Entschuldigungsverhinderer dar. Häufige befürchtete Konsequenzen sind:

- ☹ die Angst vor der Reaktion des anderen,
- ☹ die Angst, schlecht dazustehen,
- ☹ die Angst, schwach zu wirken,
- ☹ die Angst, inkompetent zu erscheinen,
- ☹ die Angst, mit einer Entschuldigung noch mehr Aufmerksamkeit auf die Sache zu lenken,
- ☹ die Angst, der andere könnte etwas tun, das mir nicht gefällt,
- ☹ die Angst, dass mir der andere das künftig unentwegt vorhält,
- ☹ die Angst, dass der andere die Entschuldigung nicht annimmt.

Drei Fragen für mehr Klarheit

Gleich nehmen wir diese Befürchtungen näher ins Visier. Dabei schaffen diese drei Fragen Klarheit:

- Die Angst könnte berechtigt sein, weil …
- Wie sieht die Situation momentan, also unabhängig von einer Entschuldigung, aus?
- Was können Sie tun, um die befürchtete Konsequenz zu vermeiden?

Das Ziel ist, dass Sie sich konstruktiv mit Ihren Ängsten auseinandersetzen und erkennen: In jedem Fall ist der Schritt auf den anderen zu die bessere Wahl, als sich davon aufgrund von Zweifeln und Befürchtungen abbringen zu lassen.

☹ Die Angst vor der Reaktion des anderen

Wenn es um einen Fehler, eine Verletzung oder einen Fettnapf geht, stellt sich die Frage, wie die andere Person darauf reagieren wird. Manchmal liegt der Vorfall sogar länger zurück. Ganz gleich, um was es sich handelt: Sie haben Angst vor der Reaktion des anderen.

Die Angst könnte berechtigt sein, weil ...
Mit einer Entschuldigung wühlt man natürlich auch eine Angelegenheit auf. Man bringt etwas, das schon vorbei ist, wieder in den Mittelpunkt. Wenn die Beteiligten sehr emotional sind, kann das durchaus im ersten Moment unangenehm sein.

Wie sieht die Situation momentan aus?
Der Auslöser, warum Sie sich entschuldigen möchten, besteht. Selbst wenn Sie jetzt am liebsten gar nichts tun und Gras über die Sache wachsen lassen würden, ist die Angelegenheit für den anderen ja nicht erledigt. Im Gegenteil: Wenn nicht mal eine Entschuldigung kommt, verstärken Sie negative Gefühle nur noch mehr. Oft ist das Ausbleiben der Entschuldigung dann noch schlimmer als der eigentliche Vorfall.

Was können Sie tun, um die befürchtete Konsequenz zu vermeiden?
In erster Linie gilt natürlich: Wir können nicht steuern, wie sich andere verhalten. Wir können nur von uns aus alles nutzen, was in unserer Macht steht, damit sich eine Situation zu unseren Gunsten entwickelt. Die gute Nachricht für Sie ist, dass die allermeisten Menschen auf eine aufrichtige und konkrete Entschuldigung positiv reagieren! Sie können also, indem Sie sich richtig entschuldigen (s. Kapitel 3), fast sicherstellen, dass Ihr Gegenüber gut reagiert. Umgekehrt können Sie eine emotional aufgeladene Situation komplett zum Explodieren bringen, indem Sie sich nicht oder falsch entschuldigen.

Aufrichtige Entschuldigung kommt gut an

Wichtig ist in diesem Zusammenhang aber auch, dass Sie dem anderen einräumen, dass er noch sauer oder verletzt ist. Jeder Mensch geht unterschiedlich mit Enttäuschungen oder Ärger um und die einen können etwas sachlicher angehen und erledigen als andere. Wappnen Sie sich für die Möglichkeit, dass die allererste Reaktion vielleicht nicht so ist, wie Sie sich das idealerweise wünschen würden. In Kapitel 4 sehen Sie anhand einiger ganz praktischer Beispiele, wie das aussehen kann.

☹ Die Angst, schlecht dazustehen

Eine Entschuldigung fällt vielen ja deshalb so schwer, weil sie glauben, es sei ein Schuldeingeständnis oder ein „sich kleinmachen". Der andere könnte sich im Recht oder stärker fühlen. Dazu kommt, dass es Mut und Selbstvertrauen erfordert, wenn man zugibt, dass man ein Verhalten bereut oder einen Fehler gemacht hat. Da wir uns in solchen Fällen häufig auch über uns selbst ärgern („Wie konnte mir das passieren!"), fühlen wir uns oft noch schlechter dabei, das laut auszusprechen.

Die Angst könnte berechtigt sein, weil ...
Je nachdem, worum es geht, gibt es tatsächlich Gründe, die einen nicht so gut aussehen lassen. Wenn sich beispielsweise eine Führungskraft beleidigend verhält. Oder wenn Ihnen ein Leichtsinnsfehler mit kapitalen Folgen unterlaufen ist. Dann ist natürlich die Frage: Wie denkt der andere jetzt nur über mich (oder, bei beruflichen Fehlern, über das gesamte Unternehmen)? Besonders in einem Fall, der eigentlich nicht hätte passieren dürfen.

Wie sieht die Situation momentan aus?
Ohne Entschuldigung ist das Kind schon in den Brunnen gefallen. Wenn Sie jetzt auch noch auf Tauchstation gehen, wird das Problem verdoppelt. Denn gerade bei Vorfällen, die „gar nicht gehen", ist die mangelnde Verantwortung fatal. Eine ausbleibende Entschuldigung heißt: der andere kümmert sich nicht mal darum, es ist ihm egal oder er ist zu feige, sein Fehlverhalten einzugestehen.

Was können Sie tun, um die befürchtete Konsequenz zu vermeiden?

Zum Fehlverhalten stehen

Sie kennen den Spruch: „Sie sind auch nur ein Mensch!" Das ist nicht nur dahingesagt, sondern jeder kennt diese Maxime aus eigener Erfahrung. Wenn Sie Verantwortung übernehmen, wenn Sie zugeben, was geschehen ist – und nicht etwa Ausflüchte vorschieben – und wenn Sie einen konkreten Vorschlag machen, wie die Sache ausgebügelt werden kann (ohne dumme Floskeln wie „Es wird nicht mehr vorkommen!" zu benutzen), ist Ihnen eine gute

Reaktion des Gegenübers sicher. Das heißt natürlich auch, dass Sie sich erstmal auf Ärger oder Enttäuschung einstellen müssen. Aber schlecht dastehen werden Sie niemals, wenn Sie zu einem Fehlverhalten stehen.

☹ Die Angst, schwach zu wirken

Der Grund, warum sich – gerade im Geschäftsleben – viele Leute so ungern entschuldigen, ist das Gefühl, dass andere die Oberhand bekommen. Als ob das Eingestehen, dass einem etwas leidtut, irgendwie für eine schwächere Position sorgen würde.

Die Angst könnte berechtigt sein, weil ...
Das Zu-sich-Stehen und Verantwortung-Übernehmen ist immer ein Zeichen von Stärke! Doch die Art, wie Sie sich entschuldigen, kann Sie durchaus schwach erscheinen lassen. Vom Herumstottern, Ausflüchte finden, sich wegen jeder Kleinigkeit entschuldigen bis hin zum Demonstrieren großer Unsicherheit. Auf all diese Punkte gehen wir in den Folgekapiteln noch weiter ein. Die gute Nachricht ist also: Die Entschuldigung selbst ist nie ein Zeichen von Schwäche. Das Wie ist entscheidend.

Wie sieht die Situation momentan aus?
Die beteiligte Person sieht das Ausbleiben einer Entschuldigung als Zeichen der Schwäche: „Nicht mal entschuldigen kann er sich!"

Was können Sie tun, um die befürchtete Konsequenz zu vermeiden?
Sie brauchen einfach nur darauf zu achten, dass Sie sich richtig entschuldigen. Eine richtige Entschuldigung sorgt dafür, dass diese beim anderen auch ankommt – und sie sorgt gleichzeitig dafür, dass Sie gut dastehen.

☹ Die Angst, inkompetent zu erscheinen

Es gibt Vorfälle, die an Ihrer Kompetenz kratzen können. Darum ist es weit verbreitet, Fehler oder Versäumnisse eher zu verstecken und zu hoffen, dass niemand darauf kommt. Je größer der Bock, den man geschossen hat, umso mehr besteht der Wunsch, es zu vertuschen. Das kann ein Angestellter in der Probezeit sein, der etwas nicht rechtzeitig veranlasst hat; ein Selbstständiger, dem in seinem Fachgebiet ein dummer Fehler unterlaufen ist, der den Kunden vielleicht sogar Geld kostet; oder auch eine Hierarchie-Frage: eine Chefin, die sich bei ihrer Abteilung entschuldigen müsste, oder ein Elternteil, das sich bei seinem Kind entschuldigen will.

Die Angst könnte berechtigt sein, weil ...
Wir wollen gar nicht um den heißen Brei reden: Natürlich gibt es Fehler und Versäumnisse, die das Vertrauen in Ihre Kompetenz und Verlässlichkeit unterminieren. Da gibt es auch nichts schönzureden. Die gute Seite ist jedoch: Wenn Sie Verantwortung übernehmen, und zwar ohne Wenn und Aber, können Sie das Ruder herumreißen. Verantwortliches Handeln und das selbstbewusste Zugeben von Fehlverhalten ist immer auch ein wichtiges Zeichen von Kompetenz.

Wie sieht die Situation momentan aus?

Besser gleich die Karten auf den Tisch

Das Versäumnis oder der Fehler ist passiert. Je mehr Sie versuchen, das zu vertuschen, desto schlimmer wird es. Denn erstens leben Sie ständig in der Angst, dass es doch noch auffliegt. Zweitens vergeben Sie sich jede Möglichkeit auf Schadensbegrenzung, die meistens dann möglich ist, wenn man schnell handelt. Drittens verspielen Sie jegliche Glaubwürdigkeit und jegliches Vertrauen, das die andere Person trotz des Versäumnisses in Sie hätte, wenn Sie damit direkt herausrückten, Verantwortung übernähmen und Lösungsorientiertheit bewiesen. Je schlimmer die Folgen sind, beispielsweise wenn ein Versäumnis Geld kostet, desto wichtiger ist es, sofort die Karten auf den Tisch zu legen.

Was können Sie tun, um die befürchtete Konsequenz zu vermeiden?
Sie können den Zweifel an Ihrer Kompetenz dadurch zerstreuen, dass Sie sofort handeln. Ganz wichtig ist es, dass Sie keinerlei Ausflüchte und Rechtfertigungen bringen.

☹ Die Angst, noch mehr Aufmerksamkeit auf die Sache zu lenken

Je unschöner ein Vorfall war – und je mehr Ihre Gedanken darum kreisen –, desto eher hoffen Sie, dass schnell Gras über die Sache wächst. Der erste Impuls, den wir in solchen Situationen oft haben, ist es, uns tot zu stellen: Einfach nicht weiter darüber reden, dann ist es auch schneller Vergangenheit.

Die Angst könnte berechtigt sein, weil ...
Eine Entschuldigung und die Diskussion, die sich daraufhin wahrscheinlich ergibt, lenkt natürlich das Spotlight nochmal auf den Vorfall. Je nachdem, wie der andere Ihre Rolle dabei sieht, rücken Eigenschaften oder Verhaltensweisen in den Mittelpunkt, die Sie lieber nicht noch mal auf den Tisch geknallt bekommen würden.

Wie sieht die Situation momentan aus?
Sie kennen es doch selbst: Ist etwas vorgefallen, das Sie unmöglich finden oder das Sie sehr verletzt hat, dann ist diese Angelegenheit für Sie dominant. Da kommt auch das berühmte Elefantengedächtnis ins Spiel. Ganz unabhängig davon, ob jemand es erwähnt, ist es eine „große Sache" – Entschuldigung hin oder her.

Was können Sie tun, um die befürchtete Konsequenz zu vermeiden?
Sie sehen, dass Sie keine Sorge haben müssen, dass die Entschuldigung die Angelegenheit noch weiter betont, denn sie ist für die Beteiligten sowieso dominant. Aber Sie können dafür sorgen, dass nicht alte Wunden aufreißen, wenn Sie es sich zur Devise machen, immer zeitnah zu handeln, wenn es einen Grund zur Entschuldigung gibt.

Entschuldigungen verjähren nie ☺!

Manchmal geht es um sehr alte Geschichten, die man mit sich herumträgt, weil man sich nie ausgesprochen hat. Zu Entschuldigungen bei länger zurückliegenden Vorfällen mehr auf S.80.

☹ Die Angst, dass der andere etwas tut, das mir nicht gefällt

Kündigt mir der Chef, wenn ich diese Sache zugebe? Trennt sich mein Partner von mir, wenn ich den Seitensprung eingestehe? Sagt mein Kunde anderen weiter, dass mir dieser Fehler unterlaufen ist? Geht eine Entschuldigung mit einer Beichte einher, kann es durchaus zu unschönen Konsequenzen kommen.

Die Angst könnte berechtigt sein, weil ...
Jeder von uns entscheidet, wie er mit einer Sache umgeht. Und dabei hat jeder auch ein individuelles Wertesystem. Angenommen, Sie entschuldigen sich für eine Sache, die gleichzeitig enthüllt, dass Sie gelogen haben. Nun kann die betroffene Person vielleicht mit dem eigentlichen Fehlverhalten umgehen, nicht aber damit, dass Sie sie angelogen haben. Der andere hat das Recht darauf, mit der Sache so umzugehen, wie sie für ihn stimmt. Sie müssen sich also den möglichen Konsequenzen stellen.

Wie sieht die Situation momentan aus?
Bei dieser Art von Entschuldigungen, bei der Sie dem anderen etwas offenbaren, das er noch nicht gewusst hat, sieht die Situation auf den ersten Blick natürlich gut für Sie aus: Noch weiß der andere von nichts. Abgesehen davon, dass Dinge häufig auf andere Weise herauskommen (was noch viel schlimmere Konsequenzen nach sich zieht!), sind Sie von einem schlechten Gewissen geplagt oder wissen zudem, dass Sie jemanden vielleicht sogar über einen längeren Zeitraum täuschen – und das einzig und allein, damit es Ihnen gut geht.

Was können Sie tun, um die befürchtete Konsequenz zu vermeiden?
Sie können es nicht vermeiden. Sie können lediglich Ihre Chancen bessern, indem Sie reinen Tisch machen und sich ehrlich und richtig entschuldigen.

Muss man alles beichten? Jein. Mehr zu dieser kniffligen Frage ab S. 63.

☹ Die Angst, dass mir der andere das künftig unentwegt vorhält

Es gibt leider Menschen, die zwar eine Entschuldigung akzeptieren, einem aber dann bei jeder Gelegenheit genau diese Sache aufs Butterbrot streichen. Ich kenne Ehepaare, bei denen ein Seitensprung angeblich hinter ihnen liegt, der Betrogene aber seit Jahren bei jeder Gelegenheit das Fremdgehen nutzt: als Hebel („Du hast ja damals …") oder als Anlass für Misstrauen („Hast du dich wohl wieder amüsiert …"). Auch kleinere Vorfälle, wie etwa ein Fehler im Beruf, können dazu führen, dass Sie sich das immer wieder anhören müssen.

Die Angst könnte berechtigt sein, weil …
Hin und wieder trifft man auf Menschen, die nicht loslassen können. Manchmal ist es Taktik, oft ist es Unvermögen: Da wird eine Entschuldigung zwar vordergründig angenommen, aber tatsächlich ist es damit eben nicht erledigt.

Wie sieht die Situation momentan aus?
Mögliche negative Folgen können Sie nicht von vornherein kontrollieren. Für Sie sollte immer der Maßstab sein: Gibt es einen Grund, mich zu entschuldigen? Wenn ja: Tun Sie es! Sie sollten es sich nicht so leicht machen, aufgrund von befürchteten (spekulativen) Folgen einfach einen Rückzieher zu machen.

Was können Sie tun, um die befürchtete Konsequenz zu vermeiden?
Sie können dafür sorgen, dass im Entschuldigungsgespräch eine wirkliche Aussprache stattfindet. Also offensichtlich Ungeklärtes nicht im Raum stehen bleibt. Und Sie müssen unbedingt sofort reagieren, wenn das allererste Mal so ein Vorhalten auftritt: hier muss sofort eine klare Grenze her, sonst öffnen Sie dem andauernden Vorwerfen Tür und Tor.

☹ Die Angst, dass der andere die Entschuldigung nicht annimmt

Was für eine unschöne Vorstellung: Man rappelt sich auf, entschuldigt sich – und der andere weist die Entschuldigung zurück. Manchmal ist man so überzeugt davon, dass man „mit dem anderen eh nicht reden kann", dass man das erst gar nicht als Option sieht. Allerdings ist das bei aller Befürchtung oft auch ein willkommener Grund, es erst gar nicht zu versuchen.

Die Angst könnte berechtigt sein, weil …
Je nachdem, was vorgefallen ist, wann Sie sich entschuldigen und wie Sie es tun, kann es Ihnen tatsächlich passieren, dass jemand eine Entschuldigung zurückweist. Dazu kommen wir ab S. 116 noch ausführlicher.

Wie sieht die Situation momentan aus?
Der Auslöser dafür, dass Sie sich entschuldigen möchten, besteht. Das alleine ist ausschlaggebend für Sie, wenn Sie sich entschuldigen möchten. Die mögliche Reaktion fällt unter die Rubrik „Spekulation": Nur weil Sie etwas annehmen oder gar ein Horrorszenario ausmalen, dass der andere Ihre Entschuldigung ablehnt, sind das keine Tatsachen. Also fokussieren Sie sich auf die Fakten (s. S. 35).

Was können Sie tun, um die befürchtete Konsequenz zu vermeiden?

Jede (auf)richtige Entschuldigung steigert die Chancen enorm, dass der andere sie annimmt. Aufrichtigkeit und der spürbare Wunsch, eine Angelegenheit wiedergutzumachen, kommen immer gut an.

Wovor haben Sie Angst?

Sie kennen sicher den Spruch „Gefahr erkannt, Gefahr gebannt". Es ist immer besser, sich bewusst zu machen, wenn bestimmte Befürchtungen Sie davon abhalten, auf den anderen zuzugehen.

Damit Sie sich also beim nächsten Mal gar nicht erst in Grübeleien versteigen, kreuzen Sie an, wovon das flaue Gefühl im Magen herrührt:

- ☐ Ich habe Angst vor der Reaktion des anderen (S. 40).
- ☐ Ich habe Angst, schlecht dazustehen (S. 42).
- ☐ Ich habe Angst, schwach zu wirken (S. 43).
- ☐ Ich habe Angst, inkompetent zu erscheinen (S. 44).
- ☐ Ich habe Angst, noch mehr Aufmerksamkeit auf die Sache zu lenken (S. 45).
- ☐ Ich habe Angst, der andere könnte etwas tut, das mir nicht gefällt (S. 46).
- ☐ Ich habe Angst, dass mir der andere das künftig unentwegt vorhält (S. 47).
- ☐ Ich habe Angst, dass der andere die Entschuldigung nicht annimmt (S.48).

Ab S. 58 erfahren Sie ergänzend, wie Sie Ihre Entschuldigsbereitschaft herstellen können.

Jetzt sehen wir uns einen weiteren großen Entschuldigungsverhinderer an: Sie möchten sich bei jemandem einfach nicht entschuldigen, obwohl es einen Anlass gäbe …

„Da beiße ich mir lieber die Zunge ab!“: Wenn Sie sich nicht entschuldigen wollen – und warum Sie es trotzdem tun sollten

Innerer Widerstand

Nun gibt es natürlich die andere Seite: Man sieht partout nicht ein, warum man sich entschuldigen sollte, selbst wenn eine Entschuldigung angebracht wäre: *Dem gegenüber* ganz sicher nicht! Die Klassiker in dieser Beziehung sind:

- „Er hat angefangen!“
- „Ich war’s nicht!“
- „Der soll sich mal nicht so haben!“
- „Das war ja gar nicht so gemeint!“
- „Das ist keine große Sache!“
- „Ich bin im Recht!“
- „Das kann ja wohl mal passieren!“
- „Das ist eh ein Idiot!“

Automatismen

Sie sehen schon: Hinter diesen Entschuldigungsverhinderern steckt sehr viel Trotz und manchmal Antipathie. Das sind auch oft Automatismen: Sie werden, wenn wir jetzt auf die Details zu sprechen kommen, gleich merken, welche dieser Anti-Haltungen Sie oft einnehmen. Es ist ganz nützlich, diese Automatismen näher im Blick zu haben. Also kreuzen Sie doch direkt einmal an, wenn eine der Reaktionen sich als etwas entpuppt, das Sie ganz oft so empfinden.

„Er hat angefangen!“

☐ Das ist ein großes Thema für mich

Es ist schon erstaunlich: Sogar als Erwachsene liegt uns oft dieses „Er hat (aber) angefangen!“ sehr schnell auf der Zunge. Manchmal nehmen wir es von vornherein schon als guten Grund, uns danebenzubenehmen: „Wie es in den Wald hineinschallt …“ oder

noch drastischer: „Wenn er Krieg haben will, soll er Krieg haben!" Dazu gibt es zwei Dinge zu sagen:

Trotz allem auf den anderen zugehen

1. Betrachten Sie Ihr eigenes Verhalten immer auch losgelöst davon, was sich sonst noch so zugetragen hat. Gibt es – ganz sachlich betrachtet – einen Grund für eine Entschuldigung? Dann ist einzig und allein das für Sie relevant. Eventuelle weitere Themen, wie etwa ein Fehlverhalten der anderen Person oder ein ganz anderes Problem miteinander, das dazu führt, dass Sie sich nicht grün sind, stehen auf einem anderen Blatt.
2. Zeigen Sie Größe. Ganz unabhängig davon, wer „angefangen" hat: Gehen Sie den Schritt auf die andere Person zu, um eine Missstimmung zu bereinigen und Konflikte zu klären. Für sich selbst!

Sie wissen ja: Sie können durch Art und Inhalt der Entschuldigung die Details durchaus in Ihrem Sinne steuern. Momentan geht es uns darum, die Entschuldigungsbereitschaft überhaupt erstmal herzustellen. Ein „Der hat angefangen!" ist ein menschlich verständlicher, aber äußerst kindischer Impuls, sich zu drücken. Entschuldigungen sind dazu da, eine verfahrene Situation zu lösen. Das alleine sollte im Vordergrund stehen. Seien Sie stolz darauf, wenn Sie diese Größe zeigen können.

„Ich war's nicht!"

☐ Das ist ein großes Thema für mich

Keiner Schuld bewusst

Es gibt Situationen, in denen man sich keiner Schuld bewusst ist und daher auf dem Standpunkt steht, dass man sich nicht zu entschuldigen braucht: In der Firma hat ein Kollege etwas verbockt und Sie haben jetzt den aufgebrachten Kunden am Telefon. Oder die Technik hat tatsächlich verrückt gespielt und Sie haben die dringende Bitte um Rückruf erst einen Tag später in Ihrer Voicemail vorgefunden. Oder Sie haben Ihr Kind nicht abgeholt, weil Ihre Putzfrau die entsprechende Notiz weggeworfen hat. Natürlich: Da stellt sich das Gefühl von Ungerechtigkeit ein: „Ich habe doch gar nichts gemacht. Wieso muss ich das jetzt büßen? Wieso sollte ich mich auch noch entschuldigen?"

Es geht um den anderen

In dem Moment, wo Sie sich mit dem „Ich war's (aber) gar nicht!" selbst in den Mittelpunkt stellen, gehen Sie über den anderen und seine Bedürfnisse und Gefühle einfach hinweg. Meistens begegnet man dem auch direkt mit Rechtfertigungen, warum man gar nichts dafür kann, oder ist sogar sauer, weil der andere so aufgebracht ist. Hier kommen wir an den nackten Kern eines absoluten Missverständnisses: Bei einer Entschuldigung geht es um die andere Person! Es geht um den Kunden, der seine Ware nicht rechtzeitig bekommen hat. Es geht um den Bekannten, der so dringend auf Ihren Rückruf gewartet hat. Es geht um das wütende Kind, das eine Dreiviertelstunde vergeblich vor der Schule gewartet und dann schließlich den Bus genommen hat. Die andere Person ist verärgert oder enttäuscht und hatte vielleicht sogar ungute Konsequenzen zu erleiden. Das sollte im Fokus stehen.

„Der soll sich mal nicht so haben!"

☐ **Das ist ein großes Thema für mich**

Trotz ist menschlich

Wir sind keine Roboter. Es ist eine normale menschliche Reaktion, wenn wir trotzig die Unterlippe vorschieben oder ablehnend die Arme verschränken. Besonders macht sich das bemerkbar, wenn der andere aus unserer Sicht gar nicht das Recht hat, sich aufzuregen oder enttäuscht zu sein. Immerhin hat er auch schon genug in den Sand gesetzt oder ist selbst am laufenden Band unzuverlässig, da braucht er es nicht zu wagen, hier jetzt wegen dieses einen Mals sich so aufzuspielen.

Einer der nützlichsten Grundsätze, die ich mir selbst zu eigen gemacht habe, ist es, dass ich mir das Aufrechnen nicht erlaube. Denn selbstverständlich ist das auch oft mein erster Impuls, wenn ich es mit einer Person zu tun habe, die sich aus meiner Sicht sehr viel öfter irgendetwas leistet. Erlauben Sie sich nicht, sich aus der Verantwortung zu stehlen! Betrachten Sie die Dinge immer getrennt voneinander. Wenn es also einen Auslöser gibt, warum Sie sich entschuldigen sollten, dann ist es das, was zählt. Gibt es sonst irgendwelche ungeklärten Konflikte mit der Person, ist das ein anderes Paar Stiefel, das Sie thematisieren können oder auch nicht. Doch

diese Situation, bei der Sie ein Fehlverhalten an sich erkennen, wird nicht mit anderen Situationen aufgerechnet und dadurch so relativiert, dass Sie eine Ausrede haben, sich aus der Verantwortung zu stehlen. (siehe auch „Ihr Anspruch an sich selbst“, S. 58).

Anwandlungen nach dem Motto „Der hat/macht aber!“ oder „Der soll mal ganz schön den Mund halten!“ sind nie eine gute Idee, denn Sie steigern sich damit nur rein. So etwas macht Beziehungen kaputt – und selbst wenn es keine Beziehung ist, die Ihnen wichtig ist, unterminieren Sie Ihre Fähigkeit, souverän, selbstsicher und eigenverantwortlich zu handeln.

„Das war ja gar nicht so gemeint!“

☐ **Das ist ein großes Thema für mich**

Manchmal bekommt jemand etwas in den falschen Hals: Man ist in ein Fettnäpfchen getreten, weil man bestimmte Informationen nicht hatte; man hat einen harmlosen Scherz gemacht, der das Gegenüber verletzt hat. Man hat sich unglücklich ausgedrückt oder der andere unterstellt einem irgendetwas. Es gibt aber auch den Fall, dass man eine Sache vor sich selbst herunterspielt: Der andere hat es eben falsch verstanden, ist vielleicht ein Sensibelchen …

Den Spieß umdrehen

Unabhängig davon, wie Sie etwas gemeint haben: Auch hier zählt in erster Linie, wie es ankam. Das kann man am allerbesten nachvollziehen, wenn man den Spieß umdreht: Wenn Sie sich durch die Worte oder ein Verhalten einer anderen Person verletzt oder hintergangen fühlen, dann ist dieses Gefühl aus Ihrer Sicht berechtigt und mehr als real. Wie geht es Ihnen, wenn der andere hier abwiegelt: „Das war nicht so gemeint, das hast du halt falsch verstanden“ oder gar „Was du nur immer hast! Du bist da viel zu empfindlich!“ Da schluckt man schwer dran, denn jetzt kommt zusätzlich zum Auslöser auch noch dieses unsensible Verhalten hinzu, das nichts anderes sagt als: Du hast kein Recht auf diese Gefühle. Du machst hier aus einer Mücke einen Elefanten. Hier gilt also einmal mehr: „Was

du nicht willst, dass man dir tu“ oder besser gesagt „Was du willst, dass man dir tu“: Sind Sie verletzt oder wütend, dann möchten Sie mit Ihren Gefühlen ernst genommen werden.

Wenn Sie in so ein Fettnäpfchen getreten sind oder sich unglücklich ausgedrückt haben und es keinesfalls so gemeint haben, wie es angekommen ist, gibt es sogar doppelten Grund für Sie, das richtigzustellen. Hat der andere tatsächlich überreagiert, bietet sich Ihnen die Gelegenheit, auch das zu thematisieren, um es künftig zu vermeiden.

„Das ist keine große Sache!“

☐ Das ist ein großes Thema für mich

Es gibt durchaus Missstimmungen, die objektiv betrachtet keine große Sache darstellen. Vielleicht haben Sie versprochen, die Wäsche zu machen, aber es nicht getan. Oder Ihnen ist ein Fehler unterlaufen, der aber überhaupt keine Konsequenzen nach sich zieht. Manchmal wirkt die Reaktion, die jemand auf so ein Versäumnis zeigt, ziemlich übertrieben. Man selbst steht dann davor und denkt sich: „Was? Es ist doch nichts passiert!“ oder „Klar, das hätte ich machen sollen, aber ist doch kein Problem: Mach ich es eben morgen.“

Wie fühlt sich der andere?

Sie wissen ja: Ausschlaggebend ist immer, wie es dem anderen damit geht. Beziehungen sind schon in die Brüche gegangen, weil sich eine solche Kleinigkeit an die andere reiht. Dabei geht es tatsächlich selten um Wäsche & Co., sondern darum, dass Zusagen nicht eingehalten wurden oder sich der andere nicht wahr- oder ernst genommen fühlt. Umso schlimmer ist die Reaktion, wenn statt einer Entschuldigung eine Beschwichtigung oder ein Kleinmachen erfolgt.

Natürlich gibt es auch Dramaqueens (und Kings), die alles aufbauschen. Darum gilt: Bleiben Sie beim Kern der Sache und achten Sie bei der Entschuldigung genau darauf, was Sie ansprechen und wie. Mehr dazu im Kapitel 3.

„Ich bin im Recht!“

☐ Das ist ein großes Thema für mich

Rechthaberei zurückstellen

Ich war viele Jahre in der Vertriebsleitung und kann Ihnen sagen: Die meisten handfesten Probleme mit Kunden sind durch das schlechte Handling von Reklamationen entstanden. Der Auslöser verlor schnell an Bedeutung: Das Ping-Pong, das durch gegenseitiges „Ich habe Recht!“ entstand, brachte jede Situation zum Eskalieren. Ich habe vorhin schon erwähnt: Für einen selbst zählt immer das eigene Gefühl und die eigenen Konsequenzen. Fühlen Sie sich ungerecht behandelt oder sind Sie wütend über ein Verhalten, dann sind Sie aus Ihrer Sicht im Recht. Da kann jemand anders mit goldener Zunge reden – und selbst wenn er objektiv und total sachlich im Recht ist, empfinden Sie es anders.

Die Frage, wer im Recht ist, ist zweitrangig. Schon eine aufrichtige Entschuldigung, die den Ärger des anderen ernst nimmt, löst Unstimmigkeiten meistens in Wohlgefallen auf. Und selbst wenn es angesagt ist, ganz sachliche Argumente ins Feld zu führen, so werden diese so lange auf taube Ohren stoßen, bis Sie den anderen mit seinem Standpunkt ernst nehmen. Davor bleiben die Ohren zu und auch die besten Argumente kommen nicht durch. Das ist übrigens eine der wertvollsten Erkenntnisse, besonders im Berufsleben: Sie müssen die Front knacken, die sich aufbaut, wenn das Gegenüber stinksauer, enttäuscht oder verletzt ist. Und diese Front löst sich erst dann, wenn der andere sich ernst genommen fühlt.

„Das kann ja wohl mal passieren!“

☐ Das ist ein großes Thema für mich

Achtung, Relativierungsgefahr!

Sie waren in Zeitdruck und haben jemandem das Wort abgeschnitten? Sie haben halt mal was vergessen? Sie stehen total unter Stress und haben den anderen deshalb angepampt? Sie waren ganz in Gedanken und haben deshalb den Nachbarn nicht gegrüßt? Natürlich kann das passieren. Es wird Ihnen und mir sogar unser ganzes Leben lang immer wieder passieren. Doch Vorsicht! Mit der Haltung „Das kann ja wohl mal passieren (da muss man sich nicht ent-

schuldigen, das passiert dem anderen ja auch)" sind Sie wieder im Land des Relativierens. Und das Relativieren ist dazu da, Sie aus der Verantwortung zu nehmen, und sorgt dafür, dass Sie die betroffene Person nicht ernst nehmen.

Eigene Situation erläutern

Jeder wird verstehen, was vorgefallen ist, doch im Mittelpunkt steht auch hier wieder: Die andere Person möchte in ihrem Gefühl ernst genommen werden, sie wünscht sich, dass Sie zu dem Versäumnis – auch wenn es eine noch so nachvollziehbare Sache war – stehen. Außerdem ist es eine gute Gelegenheit, dem anderen etwas mehr über Ihre aktuelle Situation zu erzählen: Vielleicht weiß niemand, wie belastet Sie momentan sind oder dass Sie sich gerade nicht so gut konzentrieren können, weil Sie sich mit einem Problem herumschlagen. Manchmal möchte man dies gerne auch mit anderen teilen und sich so Unterstützung (oder etwas Nachsicht) holen.

Achten Sie bei der Entschuldigung in diesem Fall ganz besonders darauf, dass Sie nicht in Rechtfertigungen verfallen (s. S. 65).

„Das ist eh ein Idiot!"

☐ **Das ist ein großes Thema für mich**

Bestimmt geht es Ihnen auch manchmal so: Zur Sache würden Sie sich entschuldigen, aber bei dem doch nicht! Der andere ist ein Unsympath, Idiot, Besserwisser; er hält Ihnen das sicher ewig vor oder triumphiert; er schießt selbst dauernd viel größere Böcke (s. S. 52).

Das eigene Selbstmanagement

Einmal mehr hören Sie von mir, dass es bei einer Entschuldigung immer um Ihr eigenes Selbstmanagement geht. Ihr Anspruch an sich selbst sollte sein, dass Sie Situationen klären, die klärenswert sind. Und das heißt – auch wenn es schwerfällt –, dass Ihr Verhalten sich nicht ändern sollte, nur weil Ihnen eine Person nicht sympathisch ist.

Es ist immer eine gute Idee, sich selbst auf Kurs zu bringen, indem Sie sich fragen: „Wenn diese Situation meinen besten Freund betreffen würde, würde ich mich dann entschuldigen oder nicht?“

Wie Sie im 3. Kapitel sehen, haben Sie unzählige Möglichkeiten, wie Sie Ihre Entschuldigungen gestalten, sodass Sie auch für „Idioten“ die richtige Formulierung finden, die Ihnen erlaubt, sich zu entschuldigen, ohne dass Sie sich in eine schlechte Ausgangslage bringen.

Schnellkurs: So stellen Sie bei Vorbehalten und Befürchtungen Ihre Entschuldigungsbereitschaft her

Sie wissen ja: Eine aufrichtige Entschuldigung können wir erst aussprechen, wenn wir tatsächlich dazu bereit sind. Ergänzend zum spontanen Schnelltest auf S. 25, wie Sie zu einer Sache aktuell stehen, hilft es, wenn Sie die folgenden Punkte für sich klären.

Ihr Anspruch an Sie selbst

Formulieren Sie einen klaren Anspruch an sich selbst. Meiner ist beispielsweise: „Ich möchte respektvoll mit anderen umgehen." Das gelingt mir nicht immer auf Anhieb, aber es ist der ultimative Maßstab für mich, mich besonders in schwierigen Lebenslagen auf Kurs zu halten (oder zurück auf Kurs zu bringen). Ein wichtiger Faktor ist dabei, dass die Entschuldigungsbereitschaft praktisch eingebaut ist. Denn ein respektvoller Umgang bedeutet, dass ich den anderen mit seinem Standpunkt und seinem Empfinden ernst nehme – genauso, wie ich mir das von anderen wünsche.

Wie könnte Ihr Anspruch an Sie selbst lauten?

____

____

____

____

____

____

Was will ich wirklich?

Stellen Sie den Vorfall, um den es geht, erstmal zurück und fragen Sie sich: Was wollen Sie (bzw. was möchten Sie nicht)? Zum Beispiel:

- *„Ich möchte diese leidige Angelegenheit gerne klären. Es ist mir nicht wohl dabei, dass die Atmosphäre zwischen uns so gestört ist.“*
- *„Ich will den anderen durchaus ernst nehmen und mich entschuldigen, aber ich möchte auch meine Sicht der Dinge darstellen.“*

Sachlich bleiben

Bleiben Sie bei der Formulierung unbedingt sachlich! Wie Sie bei den 5 Schritten gegen das schlechte Gewissen ab Seite 33 schon gesehen haben, ist es wichtig, nicht zu bewerten oder sich negativen Annahmen hinzugeben. Sie möchten ja gerade trotz Befürchtungen, Ärger oder Anitpathien Ihre Entschuldigungsbereitschaft herstellen. Das können Sie am besten, wenn Sie sich auf eine konstruktive Schiene bringen. Negative Bewertungen sind Gift für Ihre Einstellung!

Was spricht für eine Entschuldigung?

Welche sachlichen Gründe sprechen dafür, dass Sie sich entschuldigen? Erlauben Sie sich keine Ausflüchte wie das Relativieren, das Rechtfertigen oder einen Sündenbock zu suchen. Dafür sprechen könnte beispielsweise:

- *„Auch wenn es nur eine Kleinigkeit ist, so habe ich versäumt, XY zu machen.“*
- *„Ich verstehe, dass er sich über mich ärgert. Ich möchte prinzipiell auch, dass andere ihre Zusagen einhalten.“*

Hier kommen die Argumente Ihres Anspruchs an sich selbst zum Tragen beziehungsweise Ihre Erkenntnisse durch den Perspektivenwechsel: Wo stimmen Sie dem anderen – vielleicht nur „im Prinzip“ – zu? Inwiefern gelingt es Ihnen, die Situation ähnlich zu sehen?

Hin zum Bereinigen – weg vom Elefantengedächtnis

Den Stier bei den Hörnern packen

Unerledigtes führt auf beiden Seiten zu Ballast. Hat man öfter mit jemandem zu tun, summieren sich viele einzelne Vorkommnisse nach und nach unschön auf. Nachtragen führt zu offenen Vorhaltungen oder stillschweigendem Groll. Natürlich merken die Beteiligten, was los ist, und lassen es durchaus auch offen spüren.

Wir können andere nicht kontrollieren, aber wir können selbst dazu beitragen, dass wir solchen Ballast nicht ewig mit uns herumschleppen. Die Devise: Den Stier bei den Hörnern packen, ganz besonders wenn eine Situation unangenehm ist. Sie machen sich Ihr Leben leichter, wenn Sie die Dinge zeitnah klären. Diese Motivation allein sorgt für eine erhöhte Entschuldigungsbereitschaft.

Jetzt kommen wir zum spannendsten Teil: dem Wie.

3.

Sorry. Entschuldigung. Verzeih mir!

Wie Sie sich souverän,
aufrichtig und vor allem
richtig entschuldigen

Eine Entschuldigung, die alles schlimmer macht

Letztes Jahr habe ich eine Lektorin, mit der ich schon länger zusammengearbeitet habe, darauf hingewiesen, dass in den hundert Seiten, die sie Korrektur gelesen hatte, unzählige Fehler geblieben sind. Sie hat sich entschuldigt, indem sie mir eine E-Mail schrieb, in der als Erklärung stand:

- *„Ich wollte nicht, dass Ihre Rechnung so hoch wird."*
- *„Im Verhältnis zur Gesamtseitenzahl ist ja nur alle paar Seiten ein Fehler."*
- *„Meiner Erfahrung nach gibt es überhaupt keine völlig fehlerfreien Dokumente."*

Ob dieser „Entschuldigung" war ich dreimal so sauer wie vorher und habe die Lektorin nie mehr beauftragt. Dabei wäre es so einfach gewesen! Hätte die Lektorin angerufen und gesagt: „Du liebe Zeit, ich bin selbst ganz erschrocken, wie viele Fehler da noch drin waren. Das hätte mir nicht passieren dürfen!", wäre ein kurzes, aber gutes Gespräch entstanden und ich hätte weiter mit ihr zusammengearbeitet.

In diesem Kapitel geht es nun um das Reden, also um die Entschuldigung selbst. Es beginnt nicht von ungefähr damit, wie man alles noch schlimmer macht. Häufig passiert nämlich genau das: Eine Entschuldigung entwickelt sich zum Minenfeld. Damit Sie potenzielle Eskalationsbomben von vornherein erkennen und vermeiden können, lernen Sie zunächst die zehn häufigsten Gründe kennen, warum eine Entschuldigung nicht funktioniert. Erneut gilt: Schon wenn Sie diese Auslöser vermeiden, sind Sie auf der sicheren Seite. Dazu kommen einige ganz zentrale Faktoren, mit denen Sie sicherstellen können, dass Ihre Entschuldigung aufrichtig ankommt. Damit steigt die Wahrscheinlichkeit, dass der andere Ihnen vergibt.

Und keine Bange: Wird Ihre Entschuldigung zurückgewiesen, ist auch noch nicht alles verloren!

10 Gründe, warum eine Entschuldigung nicht oder falsch ankommt … oder alles nur noch schlimmer macht

- Es geht Ihnen nur um sich selbst
- Der falsche Zeitpunkt
- Es wirkt dahingesagt
- Rechtfertigen und Schuld zuweisen
- Relativieren und aufrechnen
- Schnell darüber hinweggehen
- Es ins Lächerliche ziehen
- „Ich bin halt so."
- Rein logisch argumentieren
- Druck aufbauen

1. Es geht Ihnen nur um sich selbst

Natürlich ist es alles andere als schön, wenn uns das Gewissen zwickt. Doch oftmals entschuldigen wir uns nur, um diesen Selbstvorwürfen zu entgehen. Manchmal ist die Entschuldigung dann auch mit einer Beichte verbunden.

Beispiel Fremdgehen

Nehmen wir das Beispiel Fremdgehen. Hier ist die große Frage: Soll man einen Seitensprung beichten oder nicht? Ganz wichtig ist dabei das Motiv: Warum die Beichte? Geht es wirklich darum, reinen Tisch zu machen und sich aufrichtig zu entschuldigen? Oder ist es Eigennutz, etwa weil man die Heimlichtuerei nicht mehr aushält; weil man sich schlecht fühlt oder weil man Angst davor hat, erwischt zu werden? Vielleicht hat der Seitensprung auch schon damit gedroht, dem Partner einen Tipp zu geben, und jetzt ist die Beichte eine Alternative, dem zuvorzukommen, um besser dazustehen.

Geht es Ihnen bei einer Entschuldigung in Wirklichkeit nur um Ihr Wohlbefinden oder entschuldigen Sie sich nur aus taktischen Überlegungen, um eigene Interessen oder Ziele durchzusetzen, merkt man Ihnen das in der Regel an – und das geht nach hinten los!

2. Der falsche Zeitpunkt

Falsche Zeitpunkte gibt es viele

Das mit dem Zeitpunkt ist etwas komplexer, denn leider gibt es zahlreiche „falsche Zeitpunkte":

- sich vorschnell oder vorauseilend zu entschuldigen, um einen Freibrief zu erhalten
- zwischen Tür und Angel
- sich zu spät (oder sogar erst nach Aufforderung) entschuldigen: Auch wenn ich Ihnen im Kapitel 4 empfehle, dem anderen etwas Zeit zuzugestehen und auch dann noch offen für eine Entschuldigung zu sein, wenn sie verspätet kommt, so ist es dennoch für viele Menschen ein K.o.-Kriterium: „Jetzt braucht er damit auch nicht mehr zu kommen!"
- wenn es andere Dinge gibt, die momentan viel wichtiger sind als der Vorfall, für den Sie sich entschuldigen möchten: Stellen Sie sich vor, Sie möchten Ihrem Chef beichten, dass Sie den Termin für den internen Bericht nicht rechtzeitig schaffen. Doch momentan ist das Computersystem komplett zusammengebrochen und bis hin in die Chefetage sind alle in höchstem Aufruhr.
- sich vor anderen entschuldigen: Wer sich öffentlich entschuldigt, baut gleichzeitig eine Form von Druck auf (s. S. 70).

Der falsche Zeitpunkt ist kontraproduktiv, weil der andere für Ihre Entschuldigung gerade nicht bereit ist.

3. Es wirkt dahingesagt

Wenn etwas „so dahingesagt" wirkt, kann man es nicht ernst nehmen. Dahingesagt kann heißen:

Entschuldigung ist nicht ernst zu nehmen

- Sie lassen buchstäblich im Vorbeigehen eine Entschuldigung fallen.
- Jemand sagt gewohnheitsmäßig andauernd „entschuldige", sodass die inflationäre Nutzung das Entschuldigen zur Floskel macht.
- Lapidare Wortwahl, wie beispielsweise ein flapsiges „Sorry" bei einem größeren Vorfall, wird der Sache nicht gerecht.

Auf das Was und das Wie achten

Achten Sie daher immer genau auf das Was und das Wie! Form und Inhalt sind maßgebend dafür, ob man Ihnen die Aufrichtigkeit Ihrer Entschuldigung abnimmt. Und natürlich der Weg, auf dem Sie sich entschuldigen.

4. Rechtfertigen und Schuld zuweisen

Mit Rechtfertigungen und Schuldzuweisungen unterminieren die meisten Menschen ihre Entschuldigung: „Der oder das war schuld", „Das hast du falsch verstanden", „Das war doch nicht so gemeint", „Du bist aber auch empfindlich!" Eine aufrichtige Entschuldigung zeichnet immer aus, dass Sie die Entschuldigung für sich stehen lassen und sie nicht mit irgendwelchen Rechtfertigungen erschlagen.

Selbstverantwortlich entschuldigen

Wann immer Sie in einem Atemzug mit Ihrer Entschuldigung jede Schuld von sich weisen, wird es unglaubwürdig und Sie stehen schlecht da. Denken Sie an das Allerweltsbeispiel Unpünktlichkeit. „Entschuldigung. Die U-Bahn war zu spät!" War wirklich die U-Bahn schuld? Wenn nicht ein unvorhergesehener Technikschaden vorlag, sondern Sie einfach zu spät losgegangen sind, dann war es nicht die U-Bahn, sondern: „Bitte entschuldigen Sie, dass ich zu spät bin. Ich habe die Zeit für die Anfahrt falsch eingeschätzt." So etwas kommt gut an und Sie sehen an diesem Beispiel außerdem, dass die erste Variante dahingesagt und die zweite selbstverantwortlich und dadurch aufrichtiger wirkt.

So gewöhnen Sie sich das Rechtfertigen ab:

- Konzentrieren Sie sich auf das Zuhören und Verstehen. Weist jemand Sie auf einen Fehler hin, halten Sie erst einmal den Mund. Sagen Sie nichts, hören Sie zu, fragen Sie nach. Verbieten Sie es sich, sofort gegenzuhalten. Das fällt am Anfang vielleicht etwas schwer, aber Sie werden feststellen, dass so ein Gespräch viel angenehmer verläuft und Sie auf den anderen auch sehr viel souveräner wirken.
- Nehmen Sie es an, dass er Sie auf einen Fehler hinweist, und zwar auch dann, wenn die Kritik Sie trifft oder wenn die andere Person sich im Ton vergreift. Sie werden sehen, dass es Ihnen viel besser damit geht und Sie auch viel einfacher damit umgehen können, wenn Sie sich bedanken. Sie formulieren die Sache dann natürlich entsprechend um und nehmen die Wertung raus.

Jemand sagt:	Sie nehmen die Wertung heraus:
„Mann! Jetzt hast du wieder nicht aufgepasst und den Lieferschein falsch ausgestellt! Muss ich alles doppelt und dreifach überprüfen?“	*„Gut, dass du das gesehen hast und der Lieferschein nicht fehlerhaft rausgeht!“*

Sie müssen sich dabei nicht sofort entschuldigen, sondern es geht darum, die Angelegenheit und die Kritik anzunehmen. Das bringt alle Beteiligten auf eine konstruktive Spur: Der andere sieht, dass Sie ihn ernst nehmen und ruhig bleiben. Und Sie bewahren sich selbst davor, im Affekt zu reagieren und die Sache mit einer Rechtfertigung zu überdecken.

Waren Sie zu schnell und hören sich bereits irgendwelche Rechtfertigungen sagen? Kein Problem: Sobald Sie es merken, halten Sie den Mund. Sind Sie dem anderen ins Wort gefallen, dann korrigieren Sie sich: „Entschuldigung. Sie hatten gerade gesagt …“. Wenn der andere bereits fertig war: „Oh, jetzt habe ich einfach schon drauflos geredet! Verzeihung!“ und dann kommen Sie zurück auf Kurs. Sehen Sie den

Fehler ein, dann entschuldigen Sie sich. Sehen Sie dem anderen dabei in die Augen. Müssen Sie die Sache erst einmal durchdenken oder möchten etwas richtigstellen, tun Sie das, ohne dass der Eindruck von Rechtfertigung entsteht.

Und wenn Sie erst nachträglich merken, dass Sie wieder in das alte Muster verfallen sind, dann schelten Sie sich nicht! Lassen Sie die Situation in Ihren Gedanken Revue passieren und malen Sie sich aus, wie Sie es hätten besser machen können. Das hilft Ihnen dabei, beim nächsten Mal richtig zu reagieren.

5. Relativieren und aufrechnen

„Du hast aber …!", „Er macht doch selbst immer …!", „Sie hat letztes Jahr auch …!" – Das sind Versuche, den aktuellen Anlass klein- oder sich sogar komplett herauszureden. Vielleicht sagen Sie das, was die andere Person gemacht hat, noch nicht einmal, weil Sie an Aufrechnen denken, sondern Sie möchten nur, dass Sie fair behandelt werden. Und Fairness heißt in diesem Fall für einen selbst eben auch, dass nicht vergessen wird, dass andere die gleiche oder sogar eine noch schwerwiegendere Sache verbockt haben.

Sachlage nicht herunterspielen

Das Relativieren ist immer dazu da, selbst besser dazustehen. Eine Entschuldigung, die gleichzeitig den Vorfall oder das eigene Verhalten herunterspielt, wird niemals aufrichtig ankommen. Darum ist es wichtig – wie beim Rechtfertigen –, sich auf die Zunge zu beißen! Versuchen Sie nie, Ihr eigenes Verhalten herunterzuspielen. Sofern Sie sich ungerecht behandelt fühlen, können Sie das natürlich ansprechen, aber bitte immer getrennt vom aktuellen Vorfall. Sagen Sie sich immer: Das ist ein anderes Paar Stiefel. Ich übernehme die Verantwortung für mein Verhalten und meine Fehler. Ich kann mich dafür entschuldigen. Wenn es darüber hinaus eine Diskussion gibt, weil mit zweierlei Maß gemessen wird, dann spreche ich es an – aber getrennt davon.

6. Schnell darüber hinweggehen

Damit sind Ausflüchte vor dem weiteren Gespräch gemeint. Sie entschuldigen sich zwar, aber wenn die andere Person nun etwas näher darüber sprechen möchte (was häufig der Fall ist), dann versuchen Sie sich davor zu drücken: durch Themenwechsel, durch das Beenden des Gesprächs oder sogar, indem Sie den anderen darum bitten, es jetzt mal wieder gut sein zu lassen.

Details zulassen

Dem anderen so das Wort abzuschneiden, konterkariert Ihre Entschuldigung. Je nachdem, was vorgefallen ist, ist es dem anderen nämlich sehr wichtig, noch einmal inhaltlich darauf zurückzukommen, was ihn verletzt hat oder wie er etwas empfunden hat. Vielleicht möchte er auch verstehen, warum Sie sich so verhalten haben, oder sicherstellen, dass Sie verstanden haben, worum es ihm geht. Wenn Sie diese Details abwürgen, machen Sie die beste und aufrichtigste Entschuldigung nachträglich zunichte.

7. Es ins Lächerliche ziehen

Es spricht Einiges dafür, sich mit Charme und Humor zu entschuldigen, sofern der Anlass und die Situation dafür geeignet sind. Das braucht, wie wir ab S. 91 näher betrachten, jedoch ein feines Taktgefühl für die Situation. Das Gegenteil davon ist es jedoch, die Angelegenheit ins Lächerliche zu ziehen. Das wirkt, als ob Sie die Sache auf die leichte Schulter nehmen, den anderen nicht ernst nehmen oder sich sogar lustig über ihn machen. Versetzen Sie sich in die Situation des anderen: Ihnen ist es sehr ernst, Sie haben ein Anliegen oder fühlen sich sogar verletzt und jetzt macht der andere Späße. Da steigt der Blutdruck enorm!

8. „Ich bin halt so.“

Manche Menschen verschaffen sich einen Freibrief, indem sie schulterzuckend auf vermeintliche Gegebenheiten hinweisen: „Ich bin halt ungeduldig und motze schnell rum“, „Ich habe nun mal kein

Taktgefühl“, „Ich bin eben kein Detailfreak“. Je nachdem, was sich gerade eignet, um ein Fehlverhalten zu entschuldigen, ohne Verantwortung dafür zu übernehmen. Dazu gehören übrigens auch Krankheiten oder Lebensumstände, die als Generalvorwand herhalten müssen, um sich ein Verhalten zu erlauben oder sich aus jeder Affäre zu ziehen: „Mit meinem Rücken kann ich nun mal nichts mehr machen.“, „Sei du erstmal arbeitslos, dann wirst du auch zynisch mit anderen umgehen!“

So ein Verhalten hat enorm nachteilige Auswirkungen auf Ihr Image. Denn mit dieser Reaktion reden Sie sich heraus und sagen laut und deutlich: Ich kann nichts daran finden, ich sehe überhaupt nicht ein, etwas daran zu ändern, es ist und bleibt so.

9. Rein logisch argumentieren

Gerade, wenn es emotional wird, ist Logik eine unschätzbare Fähigkeit: Sie erlaubt, eine Situation genauer zu analysieren, die verschiedenen Facetten einer Sache zu beurteilen, sie hilft – gemeinsam mit der Empathie – beim Perspektivenwechsel und sie erlaubt es, Lösungsmöglichkeiten zu finden.

Emotionen lassen sich nicht ausschalten

Das Gemeine: ausschließlich mit Logik zu kommen, geht nach hinten los, denn Situationen, in denen sich der andere eine Entschuldigung wünscht, sind emotional gefärbt: Ärger, Enttäuschung, Traurigkeit, Frust, Scham … diese Emotionen stehen oft wie eine Wand vor der inhaltlichen Zugänglichkeit. Nehmen Sie das Beispiel eines stinksauren Kunden. Auch wenn er logisch gesehen völlig im Unrecht ist, so ist er momentan überhaupt nicht zugänglich für Argumente. Erst wenn es gelingt, ihn zu beruhigen, können sachliche Gründe ankommen. Darum gießen viele Menschen kräftig Öl ins Feuer, wenn sie intensiven Gefühlen mit reiner Logik begegnen wollen – und wundern sich, wenn es eine Explosion gibt.

10. Druck aufbauen

Druckmittel

Eine Entschuldigung ist ein Angebot: Sie entschuldigen sich – und es liegt nun am anderen, ob, wann und wie er diese Entschuldigung annimmt. Es ist sehr wichtig, das ohne Druckmittel zu tun, andernfalls laufen Sie Gefahr, dass der andere abblockt („So nicht!") oder sich in der Situation zwar beugt, Ihnen aber innerlich grollt. Druckmittel können sein:

- eine Entschuldigung vor Publikum: Die „Öffentlichkeit" schafft hier den Druck, insbesondere wenn die Anwesenden Partei ergreifen.
- Hektik: „Du musst mir (jetzt sofort) verzeihen!"
- emotionale Erpressung: „Mir geht es soooo schlecht, ich brauche sofort die Zusicherung, dass alles wieder gut ist.", „Wir sind doch eine Familie, da muss man so was schon verzeihen." Und natürlich die schlimmste Variante: „Wenn du mir nicht verzeihst, bringe ich mich um."
- manipulierende Komplimente: „Ich schätze dich gerade, weil du verzeihen kannst ..."

Mit dem Abstellen dieser Verschlimmerer haben Sie die Aufrichtigkeit Ihrer Entschuldigung sichergestellt. Doch was gehört denn nun dazu, damit eine Entschuldigung so richtig gut beim anderen ankommt? Wie können Sie dafür sorgen, dass Sie die Angelegenheit wirklich klären?

Die Erfolgsfaktoren für eine aufrichtige Entschuldigung im Überblick

- ✔ **Werden Sie sich über Ihre Motive klar**
- ✔ **Versetzen Sie sich in den anderen**
- ✔ **Wählen Sie einen günstigen Zeitpunkt, Ort und Weg**
- ✔ **Schenken Sie der Entschuldigung und dem Gegenüber Ihre volle Aufmerksamkeit**
- ✔ **Gehen Sie die Entschuldigung mit dem gebührenden Ernst an**
- ✔ **Beachten Sie Wortwahl und Formulierungen**
- ✔ **Achten Sie auf Kongruenz**
- ✔ **Tun Sie alles, was Sie können ... aber achten Sie auf den freien Willen**
- ✔ **Stellen Sie sich der Sache, aber verfolgen Sie auch Ihre Interessen**
- ✔ **Steuern Sie das Gespräch**
- ✔ **Lassen Sie Taten folgen**

Klingt einfach, oder? Lassen Sie sich mal nicht täuschen! Was das genau bedeutet und wie komplex die einzelnen Erfolgsfaktoren sind, erfahren Sie jetzt.

✔ Werden Sie sich über Ihre Motive klar

Nur „Sorry" reicht nicht

Wir reden hier immer über aufrichtige Entschuldigungen. Damit Sie auch wirklich sicherstellen, dass Sie es ernst meinen, hilft es, wenn Sie sich immer vorab über Ihre Motive klar werden. Und zwar schonungslos ehrlich. Ist das Motiv „Ich will meine Ruhe haben und das erreiche ich, wenn ich so tue, als ob es mir leidtut", werden Sie sich schwertun, denn dieser Eigennutz kommt beim anderen unmissverständlich an.

Umgekehrt bedeutet das: Besteht Ihr Motiv ehrlich darin, eine Angelegenheit zu klären, kommt das ebenfalls durch. Das erhoffte Ziel rückt in greifbare Nähe. Denn natürlich hoffen wir mit jeder Entschuldigung, dass etwas Bestimmtes eintritt. Zum Beispiel:

- Vergebung: Sie haben jemanden angelogen und hoffen, dass er Ihnen verzeiht.
- Schonung und Milde: Sie leiden unter Liebeskummer und können Ihrer Arbeit nur unzureichend nachgehen. Durch das Geradestehen für die schlechten Arbeitsergebnisse und die Erklärung der Umstände hoffen Sie auf Rücksicht.
- „Straffreiheit": Sie haben einen groben Fehler gemacht, der Ihr Unternehmen viel Geld kostet. Sie übernehmen die volle Verantwortung und hoffen dadurch, unschöne Konsequenzen abbiegen zu können.
- Verständnis oder Mitleid: Sie stehen derzeit sehr unter Stress und haben daher unwirsch auf eine Freundin reagiert. Jetzt herrscht Eiszeit. Sie möchten das gerne bereinigen und sich erklären.
- Rehabilitierung: Durch ein Missverständnis ist der Eindruck entstanden, Sie hätten etwas falsch gemacht. Sie klären das auf, um sich – auch mit einer Entschuldigung – zu rehabilitieren.
- Einsicht: Sie sind zwar anderer Meinung, können den Standpunkt des anderen jedoch nachvollziehen. Nun ist das Ziel, neben Ihrer eigenen Einsicht den anderen auch für Ihre Sicht zu sensibilisieren.

Entschuldigungsgrundlagen

Mein Motiv: Ich möchte mich entschuldigen, weil

____

____

____

Wenn ich die Angelegenheit Revue passieren lasse:

- Was genau ist geschehen? Wie stehe ich dazu?
- Was habe ich in meinem Augen (konkret!) getan, das eine Entschuldigung erfordert?
- Wie sieht die Angelegenheit aus Sicht aller Beteiligten aus?

Meine Entschuldigungsbereitschaft:

☐ ist hoch ☐ ist niedrig, denn

☐ ich habe Zweifel und Ängste (ab S. 40)

☐ ich will mich gar nicht entschuldigen (ab S. 50)

Mein Ziel und meine Erwartungen:

Das möchte ich mit der Entschuldigung erreichen (s. S. 12):	So, glaube ich, stellt sich die Sache aus Sicht des anderen dar:
______________________	______________________
______________________	______________________
______________________	______________________
______________________	______________________
______________________	______________________
______________________	______________________
______________________	______________________
______________________	______________________

✔ Versetzen Sie sich in den anderen

Entschuldigung einfühlsam formulieren

Wenn Ihnen der Perspektivenwechsel gelingt, Sie also die Situation und Gefühlswelt der anderen Person nachvollziehen können, haben Sie den Vorteil, dass Sie Ihre Entschuldigung viel konkreter und einfühlsamer formulieren können. Denn meistens geht es gar nicht vorrangig um die Sache, sondern um die Emotionen. Es ist wichtig, hinter die reine Sachlage zu sehen. Damit erkennen Sie nämlich sehr schnell, worum es eigentlich geht. Natürlich ist das jeweils situations- und personenabhängig, darum kann ich Ihnen an dieser Stelle nur einige Beispiele bieten, die das verdeutlichen.

„Verfehlung":	Damit verbundene Gefühle könnten sein:
Ein Ehemann hat den Müll nicht wie verabredet runtergebracht.	„Nie macht er seinen Teil. Immer muss ich alles machen, aber ich arbeite auch Vollzeit!" = Frust, dass er seinen Anteil nicht macht; sieht es als selbstverständlich an, dass ich alles im Haushalt erledige; Missachtung der Situation, dass ich gleichberechtigt arbeite
Eine Kollegin hat nicht, wie versprochen, den Kunden mit den erbetenen Informationen zurückgerufen.	„Oh Mann! Um eine Sache bitte ich sie, und nicht mal das macht sie. Aber dauernd im Internet surfen, das kann sie." = Ärger, dass die Kollegin privat surft anstatt ihre Arbeit zu machen; selbst schlecht dastehen vor dem Kunden, weil die zugesagte Arbeit nicht gemacht wurde; das Gefühl, dass der Kollegin nichts anzuvertrauen ist, da unverlässlich

Der Freund ist nach der Arbeit spontan noch was trinken gegangen und zwei Stunden später heimgekommen.	„Nicht mal angerufen hat er! Außerdem: Nach der Arbeit einen trinken zu gehen, wieso hat er nicht gefragt, ob ich mit will? Wer weiß, mit wem er weg war, vielleicht will er aus der Beziehung raus.“ = Das Gefühl, übergangen worden zu sein; Unsicherheit in der Beziehung; Eifersucht

Plötzlich wird sehr viel klarer, wieso manche Leute regelrecht ausflippen, auch wenn es um Kleinigkeiten geht, die man schnell richtigstellen kann. Oft geht es eben um etwas ganz anderes!

Besonders wenn eine Reaktion auf einen Vorfall völlig übertrieben scheint, ist das ein deutliches Zeichen dafür, dass es hier um weit mehr geht! Es ist dann mit einer Entschuldigung zur Sache so gut wie nie getan.

Ausschlaggebend für Reaktionen auf „alltägliche Verfehlungen“ ist:

- die Beziehung zueinander: privat und beruflich: wie sehr mögen sich die Beteiligten, wie vertrauenswürdig und verlässlich empfindet man sich, gibt es ein Abhängigkeitsverhältnis?
- die Vergangenheit: eine „gemeinsame Geschichte“, frühere Erfahrungen und Vorfälle, die mit dieser Person oder mit anderen in ähnlichen Situationen gemacht wurden.

Genau hinhören

In der Regel kann man so eine Situation ganz gut analysieren, wenn man genau hinhört, was der andere sagt. Auch ist es einfach, sich aus einer gemeinsamen Vergangenheit heraus zusammenzureimen, wie sich die Situation aus Sicht des anderen darstellt, welche Bedürfnisse und Wünsche möglicherweise verletzt sind.

Der Normalfall ist meist der: Wir entschuldigen uns für eine Sache und wenn der andere dann nicht sofort sagt: „Ja okay, alles wieder gut“, geht ein Gespräch so weiter: „Ich weiß gar nicht, warum du dich jetzt so aufregst, dann bring ich den Müll halt jetzt runter!“ oder „Meine Güte! Ich hab doch schon gesagt, dass es mir leidtut. Als ob Sie unfehlbar wären!“ oder „Immer machst du so ein Theater! Ich darf wohl noch selbst entscheiden, ob ich spontan mit Kollegen einen trinken gehe!“

Fragen stellen ist hilfreich

Aber: Der Perspektivenwechsel ist immer eine Annahme! Wir sind ja keine Hellseher. Darum ist es gut, wenn Sie im Gespräch mit dem anderen vorrangig Beobachtungen aussprechen und Fragen darüber stellen. Das gilt natürlich auch, wenn es Ihnen nicht gelingt, sich in den anderen hineinzuversetzen oder wenn Sie regelrecht ratlos sind, warum sich jemand auf eine bestimmte Weise verhält.

- *„Hier geht es gerade nicht nur um den Müll, oder? …“*
- *„Mein Versäumnis tut mir wirklich leid. Ich hole den Anruf gleich nach. Allerdings sehe ich auch, dass Sie extrem verärgert sind …“*
- *„Ich möchte mich nicht immer mit dir streiten, wenn ich spontan mal noch mit Kollegen weggehe. Worum geht es dir denn vorrangig? …“*

Freundlich-sachliches Schweigen

Die drei Punkte am Ende der Beispiele symbolisieren ein freundlich-sachliches Schweigen, das Sie so lange halten und dabei auffordernd schauen, bis der andere eine Antwort gibt. Damit zeigen Sie dem anderen, dass Sie ehrlich an seiner Antwort interessiert sind. Halten Sie das Schweigen aus! Manchmal dauert es ein wenig länger, aber Sie können sicher sein, dass Ihr Gesprächspartner reden wird. Auf diese Weise unterstreichen Sie, dass es Ihnen wirklich wichtig ist, die Angelegenheit zu klären, und dass Sie den anderen mit seinen Bedürfnissen ernst nehmen. Außerdem gehen Sie an die Wurzel und können so Unstimmigkeiten idealerweise ein für allemal klären, anstatt immer wieder Symptombekämpfung zu betreiben.

✔ Wählen Sie einen günstigen Zeitpunkt, Ort und Weg

Entschuldigung positiv beeinflussen

In einer simplen Alltagssituation ist eine Entschuldigung schnell erledigt: Sie rempeln jemanden an oder es ist Ihnen ein kleines Missgeschick passiert, „Oh, das tut mir leid!", und schon gehört die Sache der Vergangenheit an. Handelt es sich jedoch um schwerwiegendere Dinge, können Sie durch günstige Rahmenbedingungen positiv beeinflussen, dass Ihre Entschuldigung angehört wird und vor allem aufrichtig ankommt. Diese günstigen Voraussetzungen sind:

- Die Wahl eines guten Zeitpunkts
- Eine kluge Ortswahl
- Den besten Weg wählen: persönlich, telefonisch, schriftlich, öffentlich

Die Wahl eines guten Zeitpunkts

Natürlich ist es nicht möglich, eine allgemein gültige Empfehlung zu geben, wann genau der richtige Zeitpunkt ist, sich zu entschuldigen. Jede Situation ist anders. Ausschlaggebend ist, wie Sie sich fühlen und inwiefern Sie in der Lage sind, sich zeitnah zu entschuldigen, und natürlich auch, wie aufnahmebereit und offen die betroffene Person gerade ist.

Ungünstige Zeitpunkte

Auf S. 64 haben Sie schon erfahren, wann es ungünstig ist, sich zu entschuldigen: sich vorschnell entschuldigen, womöglich sogar, um sich einen Freibrief für das Fehlverhalten auszustellen; zwischen Tür und Angel; viel zu spät oder erst auf Verlangen; in einer Situation, in der Ihr Gegenüber gerade überhaupt keinen Kopf dafür hat; in der Öffentlichkeit. Daraus lassen sich natürlich ein paar Empfehlungen ableiten:

Eine zeitnahe Entschuldigung

Günstig für beide Parteien

In der Regel gilt, dass es vorteilhaft ist, wenn Sie sich zeitnah entschuldigen. So sieht der andere, dass Sie aufmerksam sind, dass Sie die Angelegenheit schnell bereinigen möchten. Es kommt nicht zu Grübeleien oder sonstigen Spekulationen, die meistens dazu führen, dass dicke Luft entsteht. Das zeitnahe Entschuldigen kommt besonders Ihnen selbst zugute. Denn auch Sie grübeln nicht lange herum und quälen sich bei gravierenden Vorfällen nicht mit einem schlechten Gewissen oder der Angst vor Konsequenzen.

Wenn Sie konstruktiv und sachlich bleiben können

Wann immer Sie noch zu aufgewühlt sind, ist die Gefahr groß, dass eine Entschuldigung falsch ankommt oder ein weiterführendes Gespräch kippt. Stellen Sie sich vor, Sie haben sich mit jemandem gestritten. Die Emotionswellen schlagen noch hoch und jetzt möchten Sie mit einer Entschuldigung einlenken. Tatsächlich reicht hier oft nur eine Bemerkung, um wieder ins Streiten zu verfallen. Ein guter Test: Können Sie Ihre Gefühle in Worte fassen, ohne momentan von ihnen beherrscht zu werden? Ist das nicht der Fall, ist der Zeitpunkt für eine Entschuldigung noch nicht der beste.

Wenn die betroffene Person aufnahmefähig ist

Gefühlsebene respektieren

Gleiches gilt natürlich ganz besonders für Ihr Gegenüber: Hat sich die Person über Sie geärgert, ist menschlich enttäuscht, verletzt oder traurig, kann das so weit gehen, dass sie einfach erstmal alles verdauen muss. Sie können sich in diesem Fall durchaus entschuldigen, müssen sich dann aber zunächst um die Gefühlsebene kümmern und nicht versuchen, direkt mit Logik zu argumentieren (s. S. 69). Das Nicht-aufnahmefähig-Sein bezieht sich außerdem auf Situationen, in denen die Person gerade etwas anderes im Kopf hat, etwa weil sie gerade größere Sorgen hat oder unbedingt etwas erledigen muss. In solchen Fällen ist es gut, anzukündigen, dass Sie sich entschuldigen und über den Vorfall in einer ruhigen Minute miteinander sprechen möchten.

Wenn keinerlei Zeitdruck vorhanden ist

Entschuldigungsgespräche sollten nicht unter einem Zeitlimit stehen. Natürlich: Wenn Sie einfach zu einem Versäumnis stehen möchten oder es sonst um ein kleines Alltagsgeschehen geht, reicht die berühmte „ruhige Minute“ aus. Geht es jedoch um gewichtigere Anliegen, bei denen vielleicht andere Aspekte oder Zukunftspläne besprochen werden, ist es gut, wenn Sie sich die Zeit nehmen können, die Sie brauchen. Gehen Sie nicht auseinander, nur weil alle Beteiligten sagen: „Alles wieder gut.“ Manchmal spürt man sehr genau, dass da noch etwas unausgesprochen im Raum hängt. Haben Sie dieses Gefühl, sprechen Sie es an. Sonst verschleppen Sie alles nur und es kommt in Kürze an anderer Stelle wieder hoch.

Die berühmte ruhige Minute

Lassen Sie nichts unausgesprochen im Raum hängen!

Wenn Sie die nötige Privatsphäre schaffen können

Brauchen Sie eine Vier-Augen-Atmosphäre, ist ein gutes Indiz für den richtigen Zeitpunkt, ob Sie Privatsphäre schaffen können. Manchmal geht das durch einen Ortswechsel oder indem Sie jemanden bitten, kurz rauszugehen.

Bei größeren Dingen: wenn beide Seiten Zeit zum Überlegen hatten

War der Vorfall, für den Sie sich entschuldigen möchten, so wichtig, dass sich dadurch weitere Fragen aufgetan haben? Zum Beispiel: Wie wollen wir weitermachen? Möchte ich dieses Projekt oder diese Stelle weiterführen? Wollen wir zusammenbleiben? Muss es irgendwelche Änderungen im Miteinander oder neu vereinbarte Regeln geben? War der Vorfall mit einem Vertrauensbruch gekoppelt, der größere Konsequenzen nach sich zieht? In diesen Fällen ist es wichtig, dass alle Beteiligten Zeit hatten, sich über diese größeren Fragen Gedanken zu machen. Sonst bleibt eine Entschuldigung immer nur auf Symptombekämpfungsniveau.

Zeit für Grundsätzliches

Es ist nie zu spät für eine Entschuldigung!

Entschuldigung ist immer erlaubt

Das kennen Sie bestimmt auch: Man hat versäumt, sich zeitnah zu entschuldigen, und je mehr Zeit nun verstreicht, desto falscher erscheint es einem, jetzt nochmal darauf zurückzukommen. Ist es nicht viel zu spät? Nein! Für eine Entschuldigung ist es tatsächlich nie zu spät. Sie können sich noch nach Jahrzehnten bei jemandem für etwas entschuldigen. Wichtig ist nur, dass Sie sich gut überlegen, warum Sie das tun möchten. Fragen Sie sich, ob Sie Ihr schlechtes Gewissen beruhigen und damit vielleicht gleichzeitig für den anderen alte Wunden wieder aufreißen könnten. Entschuldigen Sie sich verspätet, sagen Sie das einfach dazu:

- *„Ich hätte das schon viel früher sagen wollen/sollen ...“*
- *„In Gedanken habe ich mich schon tausend Mal entschuldigt ...“*
- *„Ich wollte mich damals sofort entschuldigen, aber ich habe mich einfach nicht getraut ...“*

Werden Sie dabei so konkret es geht (mehr dazu ab S. 94).

Eine kluge Ortswahl

Tipps zur richtigen Umgebung

In allen Situationen, die etwas gravierender sind, können Sie auch mit der Wahl des Ortes für günstige Voraussetzungen sorgen:

Ortswechsel

Dass es gut ist, bei persönlicheren Vorfällen für Privatsphäre zu sorgen, ist einleuchtend. Nicht immer können Sie das großartig planen. Besonders, wenn Sie sich spontan entschuldigen und eine Angelegenheit näher klären möchten. So würden Sie nicht in einem Großraumbüro eine Aussprache herbeiführen, sondern sich unter vier Augen in ein Zimmer zurückziehen. Ist auch das nicht möglich, können Sie sich etwas von einer Gruppe entfernen und außer Hörweite gehen. Oder Sie bitten Anwesende darum, Sie kurz allein zu lassen. Eine Geste dieser Art unterstreicht zudem Ihre Aufmerksamkeit.

Heimvorteil
Jeder Mensch fühlt sich in gewohnter Atmosphäre wohler und sicherer. Wenn Sie also besonders nervös sind vor einer Entschuldigung, ist es gut, ein entsprechendes Gespräch dort zu vereinbaren, wo Sie sich heimisch fühlen. Das kann Ihr eigenes Büro, Ihre Wohnung oder ein öffentlicher Platz sein, an dem Sie sich wohlfühlen. Möchten Sie, dass die andere Person sich besonders gut und relaxt fühlt, schlagen Sie ein Gespräch bei ihr vor beziehungsweise fragen Sie, wo sie sich am liebsten mit Ihnen treffen möchte.

Für Öffentlichkeit sorgen
Wenn Sie sich lieber auf neutralem Boden treffen, etwa in einem Restaurant, dann ist das eine gute Wahl, wenn Sie darauf achten, dass Sie vor Ort genug Privatsphäre haben und der Lautstärkepegel nicht zu hoch ist. Da Entschuldigungen in der Regel sehr persönlich sind und bei gravierenden Vorfällen meist ein ausführlicheres Gespräch ansteht, wäre es sehr ungünstig, wenn man sich kaum versteht oder, noch schlimmer, wenn die Leute an umliegenden Tischen mithören können.

Rechnen Sie damit, dass es für Sie selbst oder die andere Person besonders emotional wird, zum Beispiel Tränen fließen, dann haben Sie zwei Möglichkeiten:

- Sie wählen bewusst einen privaten Ort, damit den Emotionen ungefiltert und unbeobachtet Raum gegeben wird.
- Aber es kann natürlich auch sinnvoll sein, gerade dann in die Öffentlichkeit zu gehen, weil die Emotionalität dadurch in Grenzen gehalten wird. Das kann nützlich sein, wenn einer der Beteiligten sehr extrem reagiert: Türen knallen, rumschreien, Vorwürfe oder Heulkrämpfe werden in der Öffentlichkeit nicht so hemmungslos herausgelassen.

Den besten Weg wählen: persönlich, telefonisch, schriftlich, öffentlich

Vor- und Nachteile abwägen

Das „Wie" entscheidet maßgeblich darüber, wie Ihre Entschuldigung beim anderen ankommt. Und zu diesem Wie gehört natürlich vor allen Dingen der Weg, auf dem Sie sich entschuldigen. Sehen wir uns die verschiedenen Wege mit ihren Vor- und Nachteilen an:

Persönlich

+	–
■ Sie stellen sich buchstäblich der Sache und dem anderen. ■ Der andere kann Sie sehen: – Sie können den so wichtigen Blickkontakt halten. – Sie können mit Körpersprache, besonders Mimik und Gestik, Ihr Gespräch bereichern und die Glaubwürdigkeit unterstreichen. ■ Sie können den anderen sehen und bekommen viel mehr mit: Sie erkennen sofort, wenn es während der Entschuldigung zu einer Missstimmung oder einem Missverständnis kommt, und können steuernd einhaken.	Es gibt keinen Nachteil. Aber es gibt natürlich Gründe, warum Sie sich vielleicht nicht persönlich entschuldigen möchten: ■ Es erfordert meistens größeren Mut. ■ Manchmal kann man sich einer Sache nicht (oder noch nicht) persönlich stellen. ■ Nicht jedem gelingt es, ad hoc die richtigen Worte zu finden. ■ Vielleicht sind Sie auch zu emotional, weil Sie sich schämen oder zu wütend sind, um sachlich zu bleiben.

Wann immer es möglich ist, entschuldigen Sie sich persönlich. Weichen Sie auf andere Wege nur dann aus,

- wenn es aufgrund der räumlichen Entfernung nicht anders möglich ist.
- wenn Sie sich partout nicht trauen oder das Gefühl haben, sich persönlich einfach nicht entschuldigen zu können.
- wenn Sie mehr zu sagen haben oder dazu neigen, das Falsche zu sagen, und sich daher mit einem Brief wohler fühlen.

Am Telefon

+	–
■ Es ist immer noch persönlich. ■ Sie können sich nicht sehen.	■ Sie können sich nicht sehen. ■ Sie merken möglicherweise nicht, wenn Ihre Entschuldigung nicht (richtig) ankommt.

Genau hinhören

Bei Entschuldigungen, die einem sehr schwerfallen, ist gerade der mangelnde Blickkontakt oft eine Erleichterung: Es kann sein, dass Sie freier und offener sprechen können. Ein großer Nachteil des Telefons ist jedoch gerade dieses Auf-die-Stimme-reduziert-Sein. Bei jedem Gespräch, besonders aber wenn es um eine schwierige Situation geht, ist es wichtig, ein Gefühl für die andere Person zu bekommen. Darum ist es bei einer telefonischen Entschuldigung erforderlich, dass Sie ganz genau hinhören: Wie klingt der andere? Verändert sich die Stimmlage? Entsteht hier gerade eine nachdenkliche, abwartende oder abweisende Pause?

Schriftlich

+	–
■ Sie können sich Ihre Worte gut überlegen. ■ Sie können alles, was Sie zu sagen haben, „in einem Rutsch“ und ungestört an den Mann bringen. ■ Wenn Sie das Thema oder die momentane Stimmung zu sehr aufwühlt, können Sie schriftlich besser auf Kurs bleiben. ■ Gehören Sie zu den Menschen, die sich schriftlich sogar noch besser ausdrücken	■ Die Beteiligten sehen sich nicht: Weder kann der andere Ihr Gesicht, Ihren Tonfall und Ihre Körpersprache interpretieren, noch können Sie eingreifen, wenn sich abzeichnet, dass der andere etwas falsch versteht oder trotz Entschuldigung einfach noch verletzt oder wütend ist. ■ Das geschriebene Wort kann schnell falsch verstanden werden: Man inter-

- können als mündlich, ist dieser Weg besonders vorteilhaft für Sie.
- Besonders gut kommt im privaten Bereich eine handschriftliche Entschuldigung an, da sie sehr viel persönlicher ist.

pretiert eine Formulierung anders als sie gemeint war oder man „hört" einen bestimmten Tonfall.

- Nicht jeder tut sich leicht mit der richtigen Wortwahl und mit Formulierungen.

Je konkreter, desto glaubwürdiger

Die schriftliche Entschuldigung kann etwas ausführlicher ausfallen, wenn Sie sich erklären möchten, oder es kann sich einfach auf eine kurzes und knappes „Verzeihung" beschränken. Sie können eine schriftliche Entschuldigung auch mit netten Gesten oder einer kleinen Wiedergutmachung ergänzen. Mehr dazu ab S. 99. Wichtig ist, dass die andere Person nachvollziehen kann, wofür genau Sie sich entschuldigen. Je konkreter Ihre schriftliche Entschuldigung ist, desto glaubwürdiger kommt sie auch beim anderen an.

Eine der größten Gefahren bei der schriftlichen Entschuldigung ist das Ping-Pong: Man entschuldigt sich zwar, fühlt sich aber bemüßigt, alles nochmal aufzurollen und vor allen Dingen dem anderen nochmal zu sagen, wer in welcher Beziehung im Recht ist (oder „Schuld" hat). Außerdem schlägt man durch solche Verteidigungsmechanismen oft eine Entschuldigung regelrecht tot.

Wollen Sie sich schriftlich entschuldigen, um die Entschuldigung für Ihr Business zu dokumentieren oder sicherzustellen, dass auch andere in Ihren eigenen Worten über die Entschuldigung informiert sind, überlegen Sie sich, ob es nicht angebracht ist, sich erst persönlich zu entschuldigen und einen entsprechenden Brief oder eine E-Mail nachzuschicken.

Lassen Sie einen Brief oder eine E-Mail auf Ihre persönliche Entschuldigung folgen.

Per E-Mail

+	–
■ Der größte Vorteil ist die Schnelligkeit: die Entschuldigung ist sofort beim anderen in der Mailbox. Sie können durch eine schnelle Reaktion viel wettmachen (zum Beispiel auch, indem Sie eine E-Mail vorausschicken und sich am nächsten Tag per Telefon oder persönlich melden). ■ Wenn der Empfänger E-Mails selbstverständlich als wichtiges Kommunikationswerkzeug nutzt, ist dieser Weg für eine schriftliche Entschuldigung in Ordnung.	■ Wenn Sie nicht gerade mit Empfangsbestätigung schicken (was der andere merkwürdig finden kann oder auch abgeschaltet hat), wissen Sie nicht, ob die Entschuldigung angekommen ist. ■ E-Mails werden meist flüchtiger geschrieben und gelesen als Briefe. Eine Entschuldigung, besonders wenn es um eine größere Sache geht, ist daher auf „richtigem Papier“ und per Post verschickt besser aufgehoben.

Ein öffentliches Medium

E-Mails sind ein relativ öffentliches Medium: Sie wissen nicht, wer sonst noch Zugang hat, und auch was den Datenschutz betrifft, sind E-Mails ungünstig, da sie durch viele Stationen gehen. Je persönlicher die Sache ist, für die Sie sich entschuldigen, desto ungünstiger ist die E-Mail als Transportweg.

Per SMS

+	–
■ kein einziger Vorteil!	■ zu unpersönlich ■ zu kurz angebunden ■ Sie wissen nicht sicher, ob eine SMS ankommt bzw. gelesen wurde.

SMS-Entschuldigung vermeiden

Bitte entschuldigen Sie sich nie per SMS! Wenn es überhaupt keine andere Möglichkeit gibt, dann können Sie per SMS den Weg bereiten für eine spätere Entschuldigung. Verzichten Sie auf typische

SMS-Abkürzungen, schreiben Sie in ganzen Sätzen à la „Es tut mir sehr leid. Lass uns heute Abend darüber sprechen" oder „Das ist ein Missverständnis! Ich rufe Dich nachher dazu an, damit wir das unbedingt klären". Als Emoticon empfehle ich Ihnen allenfalls ein :-| oder :-(. Andere Emoticons könnten missverständlich, witzelnd oder gar ironisch ankommen.

Über Dritte ausrichten lassen

+	–
■ kein Vorteil	Eine Entschuldigung ausrichten zu lassen, ist nie gut: ■ der Kern einer guten Entschuldigung, das Dazu-Stehen, bleibt völlig außen vor, ■ Sie gelten entweder als feige, was nicht gut ankommt, ■ oder es wird als zu lasch aufgefasst, wenn Sie es einfach mal so ausrichten lassen.

Die vermittelnde Instanz

Was Sie natürlich machen können: den Weg für Ihre Entschuldigung über eine dritte Person ebnen. Sie bitten diese Person auszurichten, dass Sie Bauchschmerzen wegen Sache X haben und das unbedingt demnächst mit einer persönlichen Entschuldigung aus dem Weg räumen möchten – wobei Sie das natürlich besser gleich direkt der betreffenden Person sagen. Besonders wenn es um eine verfahrene Situation geht oder Sie wissen, dass Sie den anderen sehr verletzt haben, können Sie eine vertraute Person bitten, vorzufühlen und zu vermitteln.

In der Öffentlichkeit

+	–
■ Sie übernehmen „öffentlich“ Verantwortung beziehungsweise zeigen, dass Sie ein ungutes Verhalten oder einen Fehler zugeben können. ■ Stellen Sie mit Ihrer Entschuldigung eine Fehlinformation über eine andere Person richtig oder stellen Sie deren Ruf wieder her, ist es natürlich ein guter Weg, das vor anderen zu tun.	■ Nicht alles ist für andere Ohren bestimmt. ■ Wenn Sie sich ungut entschuldigen, was schnell passiert ist, schießen Sie öffentlich ein Eigentor und beschädigen Ihr Image. ■ Der andere kann sich durch die Anwesenheit anderer unter Druck gesetzt fühlen, sich in einer bestimmten Weise zu verhalten. Das führt unter Umständen sogar dazu, dass Ihre Entschuldigung aus Prinzip zurückgewiesen wird.

Eine Entschuldigung unter vier Augen ist meistens die beste Wahl. Sich vor anderen zu entschuldigen ist dann angebracht, wenn sich die Entschuldigung an alle Anwesenden richtet oder wenn es ein Alltagsfehler war, zu dem Sie kurz und knapp stehen und damit ist es erledigt.

Entschuldigung in den Medien

Dann gibt es natürlich noch die Entschuldigung in den Medien: Radio, Zeitung, TV oder auf einer Plakatwand. Solche großen Gesten gleiten leider sehr schnell in eine Inszenierung ab. Und jede Inszenierung, die Sie selbst in den Mittelpunkt stellt, konterkariert die Aufrichtigkeit der Entschuldigung. Natürlich: Es kommt darauf an, worum es geht. Wenn Sie bei einem kleineren Missverständnis Ihre Liebste damit überraschen, Ihr eine Radio-Entschuldigung mit ihrem Lieblingslied zukommen zu lassen, wird das bestimmt gut ankommen. Wenn es einen riesigen Beziehungskrach gegeben hat, wäre es die falsche Wahl! Achten Sie bei solchen öffentlichen Entschuldigungen immer auch darauf, wie gut die betreffende Person mit Öffentlichkeit umgeht: Die einen lieben das, die anderen finden es furchtbar, wenn ihr Privatleben ans Licht gezerrt wird.

Öffentliche Entschuldigungen setzen unter Druck!

Eine öffentliche Entschuldigung sollten Sie also vermeiden,

- wenn Ihr Motiv insgeheim ist, vor anderen gut dazustehen,
- wenn Sie darauf hoffen, durch den Öffentlichkeitsdruck einen persönlichen Vorteil zu haben,
- wenn die Sache, um die es geht, nicht in die Öffentlichkeit getragen werden sollte,
- wenn Sie wissen, dass die betroffene Person das auf keinen Fall möchte.

✔ Schenken Sie der Entschuldigung und dem Gegenüber Ihre volle Aufmerksamkeit

Dem anderen zugewandt

Eine sehr sensible Angelegenheit ist die Aufmerksamkeit. Bei jeder Entschuldigung geht es ja in erster Linie um Ihr Gegenüber. Diesem ist wichtig, mit seiner Sichtweise und seinen Gefühlen ernst genommen zu werden. Das können Sie demonstrieren, indem Sie sich ganz auf die andere Person fokussieren. Bestimmt haben Sie genug eigene Erfahrungen mit sehr aufmerksamen, Ihnen zugewandten Gesprächspartnern und kennen auch, wie ungut es sich anfühlt, wenn man sein Gegenüber als eher abwesend empfindet.

Wichtig in diesem Zusammenhang ist die nötige Privatsphäre: den richtigen Ort für Ihre Entschuldigung wählen (s. S. 80), nichts nebenher machen und mögliche Störungen wie beispielsweise das Handy abschalten.

Aufmerksamkeit demonstrieren Sie in Gesprächen vor allen Dingen durch Ihre Präsenz: „voll da sein", gut zuhören, nachfragen, auf das Gesagte eingehen, gut hinschauen und Beobachtungen aufgreifen. Also weniger mit sich selbst, als mit dem anderen beschäftigt sein.

Damit dieser das auch wirklich laut und deutlich merkt, können Sie Ihre Aufmerksamkeit durch die passende Körpersprache unterstreichen. Auch Ihr Körper demonstriert Ihre Aufmerksamkeit … oder entlarvt, wenn Sie nicht ganz bei der Sache sind.

Damit signalisiert Ihr Körper Aufmerksamkeit

+

- offener, interessierter Blick
- Augenkontakt halten (nicht starren)
- aktiv zuhören und Verstehen signalisieren, z. B. Augen weit aufmachen oder „Oh“-Mund bei Überraschung, nicken bei Zustimmung
- ruhig und entspannt sitzen oder stehen
- Körper zugewandt
- offene, entspannte Körperhaltung: Beine locker parallel, kontrollierte ruhige Gestik

Körpersprache, die negativ wirkt

–

- missbilligender oder verneinender Blick, negative Mimik oder Gestik
- demonstrativ woanders hinschauen oder Augen rollen, unstet hin und her oder in die Luft blicken
- Körper abwenden oder herumtigern
- Barrieren zwischen sich und anderen aufbauen, zum Beispiel Arme, Beine oder Möbel
- mit den Händen spielen oder mit Accessoires, z. B. Kugelschreiber, Handy (siehe auch: Kongruenz, ab S. 105)

Gerade unsere Körpersprache ist uns meistens überhaupt nicht bewusst. Achten Sie einfach im Alltag mal eine ganze Woche darauf, wie andere Sie sehen. Deteils wie „Wende ich mich anderen in Gesprächen bewusst zu?“, „Wandern meine Blicke gerne unruhig hin und her?“ können ein wahrer Augenöffner sein!

✔ Gehen Sie die Entschuldigung mit dem gebührenden Ernst an

Charme und Humor sind eine schöne Sache. Wir alle lachen gerne und auch in der angespanntesten Situation kann man schnell das Eis brechen, um einen Konflikt zu beenden beziehungsweise ein konstruktives Gespräch zu ermöglichen. Aber: Nicht umsonst steht in der Überschrift „gebührender Ernst“. Humor muss passen.

Gefühl für die Situation

Humor braucht immer ein klares Gefühl für die Situation:

- Ist der Moment richtig dafür, die Angelegenheit mit einem Lachen zu entspannen, oder bekommt der andere dadurch das Gefühl, dass Sie ihn und den Vorfall nicht ernst nehmen?
- Ist Ihnen nach einer humorvollen „Einlage“ und passt sie zu Ihnen?
- Wie stehen die Beteiligten generell zueinander? „Zueinander stehen“ heißt übrigens nicht, dass Sie sich gut kennen müssen. Der Sympathiefaktor allein reicht schon. In dem Moment, wo irgendein Draht zueinander besteht, kann Humor jede Situation wunderbar entschärfen. Sind sich die Beteiligten nicht grün, ist Humor reiner Zündstoff.

Kein Zeichen guten Humors ist es, sich über die Reaktion des anderen oder die Sache lustig zu machen, mit einer entsprechenden Bemerkung auf Gelächter Anwesender aus zu sein oder die Sache ins Lächerliche zu ziehen und damit auf die leichte Schulter zu nehmen.

Gespräch auflockern

Mit Charme und Humor können Sie also die Gesprächssituation zueinander verbessern, wenn im Mittelpunkt das Klären der Situation steht. Lockere Bemerkungen richten Sie immer am besten an sich selbst. Sie würden sich also nicht über die Reaktion des Gegen-

übers oder die Sache belustigt äußern, sondern sich selbst zur Zielscheibe machen. Humor heißt in diesem Fall nicht, Witze zu reißen oder eine großartige Pointe zu landen. Es geht einfach darum, mit einer lockeren Bemerkung etwas Leichtigkeit ins Gespräch zu bringen. Damit bricht man Anspannung und Ärger wunderbar auf und ein konstruktives Gespräch wird plötzlich möglich.

Lassen Sie Ihrer Fantasie freien Lauf! Schon ganz einfache Bemerkungen wie diese haben einen großen Effekt:

- *„Na, da habe ich mich jetzt in den größten Fettnapf der Welt gesetzt!"*
- *„Du willst mich jetzt bestimmt am liebsten teeren und federn."*
- *„Eine chinesische Weisheit sagt: Du sollst Arbeitskollegen, die dein Projekt versemmeln, noch eine zweite Chance geben."*

Behalten Sie aber bitte Ihre Entschuldigung fest im Fokus: mit Humor lockern Sie auf, dann ist es aber mit dem Lustigsein erstmal wieder gut, und Sie entschuldigen sich aufrichtig für das, was geschehen ist. Durch die charmante Bemerkung ist Ihnen der andere jetzt wohlwollender gestimmt.

> Sie können natürlich auch körpersprachlich Humor reinbringen, zum Beispiel einen Dackelblick aufsetzen, mit den Wimpern klimpern, demonstrativ die Hände vor den Kopf schlagen, auf die Knie fallen, mit den Händen ringen ...

✔ Beachten Sie Wortwahl und Formulierungen

Reden Sie nicht um den Brei herum und verwässern Sie Ihre Entschuldigung nicht durch Argumente oder sonstige langatmige Erklärungen. Das ist nicht nur für die Glaubwürdigkeit Ihrer Entschuldigung relevant, sondern vor allen Dingen auch für Sie selbst. Je mehr Sie sich dazu anhalten, kurz, knapp aber aussagekräftig zu formulieren, desto weniger laufen Sie Gefahr, unbedacht etwas zu sagen, das falsch verstanden werden könnte. Wie schnell das passiert, haben Sie schon zu Kapitelbeginn bei den „10 Gründen, warum eine Entschuldigung nicht oder falsch ankommt …" gesehen.

Kurz, knapp, aussagekräftig

TIPP

Übrigens: Alles, was Sie in diesem Abschnitt zu „Klartext + Dialog" erfahren, gilt natürlich ganz genauso auch für schriftliche Entschuldigungen.

Aufrichtigkeit erfordert Klartext. „Klartext" heißt in diesem Zusammenhang:

- In der Ich-Perspektive formulieren: denn Sie zeigen, dass Sie die Verantwortung für Ihr Handeln übernehmen.
- Auf den Punkt kommen, um Ihre Entschuldigung nicht zu verwässern, aber auch – wenn dies nötig ist – um klare Grenzen zu ziehen.
- Eine geschickte Wortwahl: Formulierungen, die nicht missverständlich sein können.

Die Ich-Perspektive

Mit der Ich-Perspektive sind nicht nur die sogenannten Ich-Botschaften gemeint. Eine aufrichtige Entschuldigung zeichnet in erster Linie aus, dass Sie sich selbst in die Pflicht nehmen: Ich habe etwas

Sich selbst in die Pflicht nehmen

falsch gemacht. Ich habe mich unglücklich ausgedrückt. Es tut mir leid. Vergleichen Sie dazu folgende Formulierungen, die eine Entschuldigung darstellen sollen:

- *„Es ist schade, dass wir hier nicht einer Meinung sind …“*
- *„Dir ist es doch sicher auch schon passiert, dass …“*
- *„Irren ist einfach menschlich, nicht wahr?“*
- *„Man hätte das bestimmt anders handhaben können …“*

Sich eindeutig entschuldigen

Drumherum reden, sich mit einem „man“ distanzieren oder die andere Person direkt mit einzubinden führt dazu, dass es, auch wenn es noch so ernst gemeint ist, einfach nicht wie eine Entschuldigung ankommt. Wer sich entschuldigt, sollte das schon eindeutig tun. Und dazu gehört eben die Ich-Form.

Flucht in das Wir

Wenn es sich um berufliche Entschuldigungen handelt, gilt das übrigens ebenfalls! Leider flüchten sich Mitarbeiter oft in das „Wir“. Ein „Es tut uns leid, dass die Bestellung zu spät angekommen ist“ oder eine ähnliche Formulierung klingt immer zu sehr nach Floskel. Es gibt nicht „das Unternehmen“, das sich entschuldigt, und es tut auch nicht allen Mitarbeitern des Unternehmens leid – die meisten wissen von dem Vorfall ja überhaupt nichts. Es wirkt sehr viel echter, wenn die Ansprechperson in einem Unternehmen klar Stellung bezieht. Wenn Sie sich für Ihre Firma entschuldigen, sind Sie der Stellvertreter. Es kommt sehr viel besser an, wenn Sie das auch so formulieren: „Es tut mir leid, dass die Bestellung zu spät bei Ihnen angekommen ist.“ Diese Entschuldigung beinhaltet übrigens keinerlei Schuldanerkenntnis: Sie drücken damit einfach nur aus, dass es Ihnen leidtut. Zu der Problematik, dass man sich manchmal nicht entschuldigen möchte, weil man nichts dafür kann, kommen wir gleich noch.

Wie Sie Ihre Entschuldigungen auf den Punkt bringen

Sagen Sie klipp und klar und mit wenigen Worten, wofür Sie sich entschuldigen. Dafür haben Sie völlig unterschiedliche Möglichkeiten. Sie können …

Formulierungsbeispiele

… sich einfach nur entschuldigen:

- *„Es tut mir leid."*
- *„Bitte verzeihen Sie mir."*

… direkt konkretisieren, wofür:

- *„Entschuldigung. Ich habe völlig vergessen, Sie zurückzurufen."*
- *„Bitte entschuldige, dass ich so aufbrausend war."*

… verbalisieren, was Sie nicht oder schon hätten tun sollen/wollen:

- *„Ich hätte XY nicht sagen/tun sollen."*
- *„Ich wollte nicht so ungehalten sein."*
- *„Ich hätte nicht so mit dir reden dürfen."*
- *„Wenn ich die Zeit zurückdrehen könnte …"*
- *„Ich hätte dir vorhin/schon lange sagen sollen, dass …"*

… Ihre Gefühle mit ins Spiel bringen:

- *„Ich bereue, dass …"*
- *„Ich fühle mich ganz schlecht, weil ich …"*
- *„Ich hatte Angst …"*
- *„Ich schäme mich dafür, dass …"*
- *„Ich habe schlaflose Nächte, weil …"*

… die andere Person mit einbeziehen:

- *„Ich verstehe, dass Sie so sauer auf mich sind …"*
- *„Ich wollte Sie nicht verletzen. Es tut mir so leid."*
- *„Ich bitte dich, mir zu vergeben."*

… die Sachlage von sich aus beschreiben:

- *„Ich war kein guter Zuhörer."*
- *„Was ich zu dir gesagt habe, ist eigentlich unentschuldbar …"*
- *„Ich habe keine Entschuldigung. Ich weiß selbst nicht, was mich geritten hat. Es tut mir leid!"*

… der anderen Person Recht geben:

- *„Sie haben Recht … (das hätte mir nicht passieren dürfen/ich habe mich völlig falsch verhalten)."*
- *„Ja. Ich hätte das nochmal nachprüfen müssen."*
- *„Ich wäre an Ihrer Stelle genauso sauer."*

Unterschiedliche Wirkung

Sie sehen an den Beispielen, wie unterschiedlich die Entschuldigung jeweils wirkt. Bitte sagen Sie immer nur, was Sie ehrlich meinen. Wählen Sie also auch unter diesem Gesichtspunkt Ihre Formulierungen aus. Besonders die Varianten, in denen Sie der anderen Person Recht geben, nehmen jeder Situation sofort den Wind aus den Segeln. Sie können damit aufwallende Emotionen sofort besänftigen, was, wie Sie auf S. 69 erfahren haben, immer die Voraussetzung dafür ist, dass Ihr Gegenüber für sachliche Argumente zugänglich wird.

Lassen Sie Ihre Entschuldigung immer allein stehen. Bringen Sie etwaige wichtige weitere Punkt anschließend auf den Tisch. Es entspinnt sich ja ohnehin nun ein weiteres Gespräch.

Lassen Sie die Körpersignale ungehindert zu, die zeigen, dass Sie die Sache wiedergutmachen möchten. Ein zu Beginn gesenkter Blick, wenn Sie sich zum Auftakt des Gesprächs schwertun, sich zu entschuldigen, der in die Hände vergrabene Kopf ... solche Gesten zeigen dem anderen, dass Sie betroffen sind.

Wie Sie Ihre Entschuldigung gestalten können

Mehr als ein einfaches „Entschuldige“

Sie brauchen es nicht bei einer einfachen Entschuldigung zu belassen, sondern können dem anderen direkt ein Angebot machen. Möglich ist auch, sich Unterstützung durch andere Personen zu holen und begleitende nette Gesten (wie den berühmten Blumenstrauß) einzusetzen.

Ein Angebot machen

Damit ist gemeint, dass Sie dem anderen zusätzlich zu Ihrer Entschuldigung die Hand hinstrecken und einen klaren Vorschlag machen, wie Sie es wiedergutmachen können.

Bei einer mündlichen Entschuldigung lassen Sie das „Es tut mir leid" immer erstmal stehen, damit es beim anderen ankommt. Wenn dieser darauf reagiert, geht das Gespräch weiter. Und dann ist erst der Zeitpunkt für ein Angebot gekommen. Anders ist es natürlich bei einer schriftlichen Entschuldigung. Hier lassen Sie die Entschuldigung insofern „allein stehen", als Sie den Brief damit beginnen und es nicht nur bei einer Floskel belassen, sondern immer eine konkrete Formulierung wählen, die enthält, wofür genau Sie sich entschuldigen. Getrennt davon steht dann Ihr Angebot zur Wiedergutmachung. Sie würden also nicht Ihr Angebot in einem Atemzug machen: „Wir entschuldigen uns, dass uns dieser Fehler passiert ist, und ziehen 10 Prozent von der Rechnung ab." Beispiele für Angebote könnten sein:

Entschuldigung und Angebot trennen

- *„Ich rufe dich ab jetzt immer an, wenn es später wird, damit du dir keine Sorgen machst."*
- *„Ich werde die gesamten Projektabrechnungen bis Mittwoch überprüfen, um sicherzustellen, dass sich keine weiteren Fehler darin befinden."*
- *„Ich würde Ihnen gerne ein Drittel der Rechnung nachlassen, wenn das für Sie eine akzeptable Lösung für die Misere ist."*

Bitte versprechen Sie nie etwas, das Sie nicht halten können oder wollen! Also niemals „Das kommt nie wieder vor!" sagen und auch sonst nichts versprechen, was Sie garantiert nicht tun möchten.

Noch besser ist es oft, den anderen einfach zu fragen, was Sie jetzt tun können, um die Sache wiedergutzumachen. Nehmen wir an, ein Kunde beschwert sich bitterlich. Er ist stinksauer und droht vielleicht sogar, nie mehr bei Ihnen zu kaufen. Wenn es schon so weit gekommen ist, ist es in der Regel nicht mehr ausreichend, sich nur zu entschuldigen. Einfach einen Nachlass anzubieten, stößt auch oft auf taube Ohren, weil es dem Kunden um mehr geht. Die besten Chancen, hier wieder in den Dialog zu kommen, liegen darin, nichts von sich aus anzubieten, sondern zu fragen, was der andere sich vorstellt:

Beim anderen nachfragen

- *„Wie können wir ab hier weitermachen? Was wäre aus Ihrer Sicht eine gute Lösung?“*
- *„Wie kann ich das wiedergutmachen?“*
- *„Wie verhalte ich mich jetzt am besten? Was kann ich tun, damit du mir wieder vertraust?“*

Sie brauchen keine Angst zu haben, dass Sie damit unrealistischen Vorstellungen Tür und Tor öffnen. Tatsächlich kommt es den meisten Menschen gar nicht auf eine sachliche Wiedergutmachung an. Und wenn, dann sind die Vorstellungen oft sogar niedriger als das, was man von sich aus angeboten hätte. Außerdem können Sie jederzeit das Gespräch steuern und Ihre Interessen vertreten (s. S. 110).

Unterstützung durch Dritte

Andere können helfen

Dass es nicht gut ist, Entschuldigungen einfach so ausrichten zu lassen, hatten wir schon. Dennoch können Ihnen andere Personen natürlich helfen, indem sie

- vorfühlen: Wenn der Vorfall so schlimm war, dass Sie sich davor fürchten, auf jemanden zuzugehen; wenn Sie sich allzu sehr schämen oder glauben, dass der andere nicht zugänglich sein wird, dann bitten Sie eine gemeinsame Vertrauensperson darum, vorzufühlen und den Weg für eine Aussprache zu ebnen.
- moderieren: Manchmal ist es auch günstig, sich für das Gespräch einen Moderator zu holen. Besonders wenn Gefühle im Spiel sind oder wenn die Beteiligten dazu neigen, unsachlich zu werden, ist das vorteilhaft, weil der unbeteiligte Dritte Sie auf Kurs halten kann.
- Streit schlichten: Ein Bekannter, Kollege, Familienmitglied oder sogar ein professioneller Mediator ist eine gute Idee, wenn die Fronten verhärtet sind.

Vorsicht bei Manipulationsversuchen!

Beachtenswert ist bei der Wahl der Person, dass diese in der Lage ist, unparteiisch zu sein. Sonst passiert es Ihnen, dass der Mittler nicht unterstützt, sondern aktiv in die eine oder andere Richtung steuert. Ist das von Ihnen beabsichtigt, ist es keine aufrichtige Entschuldigung, sondern ein Manipulationsversuch. Mischt sich die Person

von selbst ein, kommt es als Manipulationsversuch an oder Sie haben sogar das Pech, dass Sie plötzlich zwei Leute überzeugen müssen.

Nette Gesten einsetzen

Der berühmte Blumenstrauß

Es soll ja Männer geben, die ihren Frauen immer nur dann Blumen mitbringen, wenn sie etwas verbockt haben. Auch eine Form, eine Entschuldigung anzukündigen … Tatsächlich ist ein Blumenstrauß oder eine einzelne Blume nach wie vor eine eindeutige Geste, mit der Sie sich bedanken, aber auch um Verzeihung bitten können. Je nachdem, worum es sich handelt, braucht es dabei auch keine großen Worte. Ein „Entschuldigung“, „Bitte verzeih mir“ oder „Ich war unausstehlich ☹“ reicht.

Streitschlichter-Stückchen

Mittlerweile gibt es auch eine ganze Menge an charmanten Produkten, die Ihnen dabei helfen: Postkarten, Luftballons, Plüschtiere, Schokolade mit einer aufgedruckten Entschuldigung – von ernst bis augenzwinkernd – wie beispielsweise die „Streitschlichter-Stückchen“.

TIPP

Geben Sie im Internet einfach ein Produkt und dazu „Sorry“ oder „Verzeih mir“ oder „Entschuldigung“ ein, und Sie finden eine Fülle witziger Varianten dieses Produkts mit Entschuldigungsbotschaften, die auch bestimmte Anlässe aufgreifen; beispielsweise mit weißer Flagge, wenn man wieder die Friedenspfeife rauchen möchte oder etwas verbockt hat.

Weitere Ideen

Sie können auch einfach zum Bäcker um die Ecke gehen und eine Sonderanfertigung für einen Entschuldigungskuchen bestellen (oder natürlich selbst backen) oder den guten alten Blumenstrauß mit einer individuell formulierten Karte schicken. Vielleicht mögen Sie es noch persönlicher und basteln eine nette Karte und mit einem Selbstportrait, wie geknickt Sie sind, oder Fotos der Beteiligten. Mit so einer netten Geste können Sie Ihre Entschuldigung wunderbar verstärken. Solche Gesten können außerdem sein:

Gefallen	Eine Entschuldigung gekoppelt mit einem Gefallen, den Sie der Person tun möchten. Das ist dann eine sinnvolle Geste, wenn der andere etwas für Sie ausbaden musste. Beispiel: Sie haben eine Sendung an einen Kunden nicht richtig ausgeführt und ein Kollege hat den Kunden beschwichtigt und die Angelegenheit bereinigt. Sie entschuldigen sich und bedanken sich mit einem Gefallen für die Unterstützung und die Mehrarbeit, die der Kollege hatte.
Geschenk	Ein Geschenk kann ebenfalls ein Verstärker sein: Sie können damit Konsequenzen, die ein anderer damit hatte, wiedergutmachen oder aber einfach die Wogen glätten und jemandem eine Freude machen. Ein Geschenk kann etwas sein, von dem Sie wissen, dass der andere es sich wünscht; es kann ein Gutschein oder das Angebot „Wünsch dir was!" sein. Wichtig ist, dass im Vordergrund immer die Entschuldigung steht und dass so ein Geschenk im Verhältnis zum Vorfall steht. Sonst wirkt es so, als ob Sie sich freikaufen möchten.
Gutscheine	Unternehmen greifen oft auf Gutscheine zurück. Auch das ist eine gute Idee, aber nur, wenn das Anliegen des Kunden auch gut und individuell beantwortet ist. Verlassen Sie sich nie zu sehr auf den Gutschein selbst. Ist der Kunde nämlich verärgert und unzufrieden, pfeift er auf Ihren Gutschein! Wichtig: Nutzen Sie Reklamationen nicht als Marketingtaktik. Ein Gutschein, der an einen neuen Auftrag geknüpft ist, ist ein Schlag ins Gesicht.
sich selbst bestrafen	Eine weitere Geste kann auch die Selbstbestrafung sein. Sie verzichten auf etwas, um der anderen Person etwas zu ermöglichen. Sie übernehmen als „Sühne" irgendwelche Pflichten.

Achten Sie bitte darauf, dass die Geste und Ihre begleitenden Worte auch immer zum Anlass passen. In der Regel sind solche Gesten eine gute Idee, wenn es sich um kleinere Alltagsvorfälle handelt. Sind Sie irgendwo zu spät gekommen, ist eine Pralinenschachtel eine nette Geste. Haben Sie einen kapitalen Beziehungsstreit ausgelöst oder hat ein beruflicher Fehler das Unternehmen Tausende von Euro gekostet, käme sie äußerst merkwürdig an.

Geste muss zum Anlass passen

Es gibt Situationen, in denen man sich entschuldigen möchte, es aber gerade nicht kann. Manche Menschen sind buchstäblich nicht in der Lage, in so einer Situation den Mund aufzumachen: auch wenn sie merken, dass sie sich gerade ungut verhalten, scheint ihre Zunge wie gelähmt zu sein. Wenn Sie so jemanden in Ihrem engeren Umfeld haben oder vielleicht selbst dazugehören, hilft Ihnen der folgende Tipp:

TIPP

Vereinbaren Sie eine Geste: Stellen Sie beispielsweise einen bestimmten Gegenstand auf den Tisch, wenn Sie sich eigentlich entschuldigen möchten, es aber noch nicht geht. Sie können sogar eine kleine weiße Flagge zu diesem Zweck aufstellen (oder buchstäblich mit dem Taschentuch wedeln), um dieses Signal zu geben. Auf diese Weise können Sie rechtzeitig signalisieren: Es tut mir leid, aber ich bin noch nicht so weit, sachlich darüber zu reden.

Vorsicht, Missverständnis!

Lassen Sie uns nun ein wenig Wortklauberei betreiben. Denn Ihre Wortwahl ist nicht nur ein wichtiger Faktor dafür, wie Ihre Entschuldigung ankommt, sondern sie bewahrt Sie (hoffentlich) auch davor, dass der andere sie in den falschen Hals bekommt.

Auf die Wortwahl achten

Floskeln

Wenn Ihr Lebenspartner hundertmal am Tag „Ich liebe dich" sagt, verliert es an Bedeutung oder nervt sie vielleicht irgendwann sogar. Alles, was wir allzu oft hören, wird bedeutungsloser. Wenn Sie sich

also für eine typische Entschuldigungsfloskel entscheiden, laufen Sie Gefahr, dass diese nicht ankommt, nur weil sie bei der beteiligten Person „durchrauscht". Ein „Sorry", „Entschuldigung" oder auch ein „Es tut mir leid" kann, wenn es alleine steht, sehr leicht als Floskel aufgenommen werden. Darum ist es immer besser, Ihre Entschuldigung konkreter zu formulieren. Einige Varianten dazu habe ich Ihnen auf S. 95 vorgestellt.

Besonders im beruflichen Umfeld wird oft mit Floskeln gearbeitet: Da werden Textbausteine bemüht, eine Firma formuliert generell mit „Wir" und macht es damit sogar noch unpersönlicher oder das Wörtchen „Leider" wird überstrapaziert, vielleicht sogar völlig falsch verwendet.

Eine „Anti-Entschuldigung"

Sagen wir, Sie sitzen in einem Restaurant und möchten statt Pommes lieber Gemüse als Beilage. Die Bedienung sagt: „Entschuldigung, das kann ich nicht machen. Leider ist ein Beilagenwechsel nicht möglich." Wieso ist diese Entschuldigung keinen Pfifferling für Sie wert? Sie hat sich doch entschuldigt und sogar eine mit einem „leider" verbundene Begründung geliefert! Der Grund, warum das so nicht akzeptiert wird und Sie vermutlich noch viel wütender macht, ist, dass es eben keinen Grund dafür gibt. Das Restaurant hat Gemüse als Beilage auf der Karte und der Koch müsste nur statt Pommes Gemüse auf den Teller legen. Vielleicht wird es anders berechnet, aber das wäre für Sie natürlich in Ordnung.

Wir alle nutzen Floskeln oft so automatisch, dass wir sie gedankenlos einsetzen. Und genau das ist das Problem, denn sie richten Schaden an. Eine gute Devise ist es daher, sich generell von Floskeln möglichst fern zu halten. Machen Sie sich einen Spaß daraus, sich dabei zu ertappen, wenn Sie wieder irgendeine Floskel benutzt haben, aber ergänzen Sie sie im Gespräch und in Briefen immer durch eine eigene Formulierung.

Floskeln, die Sie von vornherein aus der Pflicht nehmen sollen, sind besonders gefährlich. Sätze wie „Irren ist menschlich!“ oder „Wo gehobelt wird, fallen Späne“ und „Wo gearbeitet wird, werden auch Fehler gemacht“ machen Ihr Gegenüber nur wütend, weil sie trivialisieren und der Eindruck entsteht, Sie wollten sich herauslavieren.

Eingrenzen – auf gute und auf schlechte Art

Eingrenzen ist eine Kunst

Schon einige Male habe ich Sie daran erinnert, dass Sie Ihre Entschuldigung eingrenzen können. So sind Sie in der Lage, auf den anderen einzugehen, ihm aber nicht automatisch in allem Recht zu geben. Dieses Eingrenzen hat aber auch seine Tücken! Um Ihnen die Unterschiede deutlicher zu machen, hier einige plakative Beispiele:

Formulierungen, die ernst nehmen, aber eingrenzen:	Formulierungen, die in Zweifel ziehen:	Formulierungen, die einen Affront darstellen:
	„Es tut mir leid …	
„… dass Sie sich über uns ärgern.“ „… dass da irgendetwas schiefgegangen ist.“ „… dass die verspätete Lieferung zu Problemen mit Ihrem Kunden geführt hat.“	„… wenn Sie das so sehen.“ „… wenn da jemand irgendetwas verbockt hat.“ „… wenn Sie Ärger hatten.“	„… dass Sie so aufbrausend sind.“ „… dass Sie das in den falschen Hals bekommen haben.“ „… dass Sie ein Idiot sind. ☺“
= gut, weil Sie auf die andere Person eingehen und mit einem „dass“ den folgenden Teil als Tatsache aufnehmen.	= problematisch, weil Sie sich durch das „wenn“ von der Problematik distanzieren und gleichzeitig infrage stellen,was der andere sagt.	= geht gar nicht, weil erst der Eindruck erweckt werden soll, dass Ihnen etwas leidtut, aber der Rest des Satzes ein Vorwurf ist.

Die Totschlagsfallen Wenn, Weil und Aber

Es gibt noch eine Totschlagsfalle, die meistens mit aber, weil oder wenn beginnt. Totschlagsfalle heißt: Sie machen Ihr Ich-Statement, negieren es dann aber im gleichen Atemzug wieder:

- *„Es tut mir leid, aber ...“*
- *„Ich wollte dich nicht verletzten. Das ist mir so rausgerutscht, weil du ...“*
- *„Bitte verzeih mir, dass ich so aufbrausend war. Wenn du (dieses und jenes machst), reizt mich das einfach zu sehr.“*

Der fatale Nachsatz

Der Nachsatz macht den ersten Satz komplett zunichte. So kann man natürlich Ihre Entschuldigung nicht ernst nehmen. Und leider führt es meistens dazu, dass die Situation eskaliert, denn der Empfänger ist – zu Recht – sauer, jetzt wegen dieser Pseudo-Entschuldigung.

✔ Achten Sie auf Kongruenz

Der Ton macht die Musik

Versetzen Sie sich bitte nochmal in das Beispiel vom Restaurant. Erst hat man Ihnen die Beilagen nicht ausgetauscht und dann war das Essen schlecht. Die Bedienung kommt und Sie beklagen sich. Die Mitarbeiterin räumt weiter den Tisch ab, würdigt Sie keines Blickes und murmelt nebenbei und gewohnheitsmäßig ein „Das tut mir leid“ vor sich hin, bevor sie geht. Nehmen Sie ihr ab, dass es ihr leidtut? Natürlich nicht. Die Chancen stehen sogar gut, dass Sie sich jetzt noch mehr ärgern als nur über das schlechte Essen. Wie wir etwas sagen, bestimmt darüber, wie es ankommt. Unsere Körpersprache unterstreicht, was wir sagen und meinen, kann es aber auch konterkarieren. Diese Übereinstimmung von verbaler und nonverbaler Aussage heißt Kongruenz.

Nun ist Körpersprache ein sehr komplexes Thema: Es hätte gar keinen Zweck, alle möglichen Tipps dazu aufzulisten, denn wir beobachten uns natürlich nicht in jeder Sekunde wie ein Luchs. Besonders, wenn wir aufgewühlt oder nervös sind, verändern wir zudem ständig unsere Mimik, Gestik und Körperhaltung. Und das kann uns ganz schön in die Bredouille bringen.

Begrenzen wir uns also auf die absoluten Grundlagen, mit denen Sie sicherstellen, dass Ihre Körpersprache eine Entschuldigung immer glaubwürdig unterstützt:

1. Halten Sie Blickkontakt

In die Augen sehen

Es gibt kaum ein Signal, das mehr Aufrichtigkeit vermittelt als der direkte Blick in die Augen. Ein Wegsehen oder ein ständig abschweifender Blick wird gemeinhin mit Lügen assoziiert, auch wenn das keineswegs so pauschal gesagt werden kann.

Sehen Sie Ihrem Gesprächspartner immer direkt in die Augen! Und zwar nicht nur während der Entschuldigung selbst, sondern während des gesamten Gespräches.

Wenn es Ihnen unmöglich ist, Blickkontakt zu halten, weil Sie sich wegen etwas schämen oder es Ihnen zu schwerfällt, „unter Beobachtung" offen zu sprechen, dann sagen Sie das einfach offen:

- *„Ich kann dir gerade nicht in die Augen sehen."*
- *„Ich tue mich leichter und kann offener reden, wenn ich dich erstmal nicht ansehe."*

2. Achten Sie auf zugewandte Körperhaltung

Nehmen Sie eine dem anderen zugewandte Körperhaltung ein. Egal ob Sie stehen oder sitzen: Wenden Sie sich idealerweise vollständig dem anderen zu und achten Sie auf eine möglichst offene Körperhaltung, also weder Arme noch Beine vor dem Körper verschränkt. Das macht man oft automatisch, manchmal, um buchstäblich eine Barriere zwischen sich und dem anderen zu errichten oder sich unbewusst zu schützen.

Es ist übrigens eine gute Idee, auch sachliche Barrieren zu umgehen: also keinen Schreibtisch zwischen sich zu haben oder Vasen, Speisekarten und Ähnliches wegzuschieben. Dadurch schaffen Sie einen offenen Kanal und demonstrieren, dass Ihnen das wichtig ist.

Unsere Körperhaltung wirkt sich zudem immer auch auf unseren gesamten Organismus aus. Wenn Sie sehr nervös oder angespannt sind, sind Ihre Muskeln entsprechend unlocker. Das können Sie sich auch umgekehrt zu Nutze machen, denn wenn Sie Ihren Körper bewusst lockern und für eine offene Haltung sorgen, folgt auch der Organismus.

- Korrigieren Sie Ihre Körperhaltung im Gespräch.
- Tigern Sie nicht herum.
- Machen Sie nichts nebenbei.

Das gilt natürlich auch für eine telefonische Entschuldigung!

3. Achten Sie auf eine „passende" Mimik

Automatismen überprüfen

Das klingt jetzt merkwürdig, denn es geht ja gerade nicht darum, eine Maske aufzusetzen, sondern authentisch zu sein. Darum ist es auch so wichtig, sich im Vorfeld über Ihre Motive klar zu werden und sich nur dann zu entschuldigen, wenn Sie es auch ehrlich meinen. Das Achten auf die Mimik ist deshalb wichtig, weil wir uns nicht immer dessen bewusst sind, was andere gerade sehen.

- Es gibt Menschen, die, wenn sie hochkonzentriert sind, ein total verärgertes Gesicht machen.
- Andere neigen dazu, immer zu lächeln, besonders wenn sie angespannt sind.

Solche Automatismen können eine Entschuldigung unterminieren, wenn sie überhaupt nicht passen. Wenn Sie sagen „Es tut mir so leid“ und gleichzeitig breit lächeln, dann passt das, was Sie sagen und wie Sie es sagen, nicht zusammen.

4. Hören Sie sich selbst zu!

Nuancen der Betonung beachten

Ihre Stimme, Stimmlage und Betonungen sind natürlich ebenso ausschlaggebend dafür, ob der Inhalt so aufgenommen wird, wie Sie es beabsichtigen. Manchmal verraten uns Stimme und Sprechweise auch: Dann wird Ungeduld oder Ironie hörbar. Auch das ist ein Grund, warum Sie immer Ihr Motiv für eine Entschuldigung gründlich prüfen sollten. Wenn Sie sich am Telefon entschuldigen, sind Stimme und Betonung natürlich besonders wichtig. Auch wenn das Gegenüber Sie nicht sehen kann, sind Körpersprache und Aufmerksamkeit durchaus hörbar. Sie kennen sicher den Tipp, am Telefon zu lächeln, weil ein freundliches Gesicht auch die Stimme und Sprechweise positiv beeinflusst.

TIPP

Bei großer Anspannung hilft Ihnen immer auch die Atmung. Nicht umsonst atmen wir oft automatisch heftig durch, bevor wir uns zu etwas durchringen. Atmen Sie, wenn Sie sehr nervös sind, einige Male ruhig und tief bis hinunter in den Bauch, beruhigen Sie damit Ihren Herzschlag und den gesamten Körper. Sogar piepsige, sich überschlagende Kopfstimmen werden voller und tiefer, wenn Sie tiefer atmen.

Ich weiß, dass diese Hinweise banal erscheinen. Vielleicht denken Sie beim Lesen auch: „Das ist doch selbstverständlich." Und ich gebe Ihnen recht: Es sollte selbstverständlich sein, denn es sind die Grundlagen guter Kommunikation. Doch täuschen Sie sich nicht! Gerade in schwierigen, emotional aufgeladenen Situationen verhalten wir uns nicht so, wie es im Lehrbuch steht, und sehr häufig haben wir uns in solchen Ausnahmesituationen eben nicht unter Kontrolle. Das „Sich-Erinnern an diese körpersprachlichen Grundlagen" hilft Ihnen auch umgekehrt. Indem Sie sich korrigieren können, wenn Sie merken, dass Sie sich abwenden oder zumachen. Indem Sie sich daran erinnern, Blickkontakt zu halten usw. Auf diese Weise sorgen Sie für die so wichtige Kongruenz.

✔ Achten Sie auf den freien Willen

Gefahren der Erwartungshaltung

Es ist doch so: In dem Moment, wo wir uns bei jemandem entschuldigen, haben wir bestimmte Erwartungen. Sie gehen vielleicht automatisch davon aus, dass der andere Ihnen vergibt. Oder Sie wünschen sich, dass Sie wieder ganz normal miteinander reden können. Das birgt drei Gefahren:

- Sie sind enttäuscht. Damit das nicht geschieht, ist es wichtig, von vornherein realistische Erwartungen zu haben.
- Sie manipulieren, um den anderen – bewusst oder unbewusst – in die von Ihnen gewünschte Richtung zu drücken.
- Sie kommen nicht gut mit der Reaktion klar, zum Beispiel, dass der andere nicht so auf Ihre Entschuldigung anspricht, wie Sie das erwartet haben, und lassen sich spontan zu einem unguten Verhalten hinreißen.

Angebot annehmbar gestalten

Hier kommt jetzt das Achten des freien Willens ins Spiel. Genauso, wie Sie selbst entscheiden, wie Sie etwas bewerten und mit anderen umgehen, haben andere das gleiche Recht. Als Entschuldiger machen Sie ein Angebot, doch wie dieses Angebot ankommt und ob

der andere es annimmt, bleibt voll und ganz ihm überlassen. Damit Ihre Entschuldigung aufrichtig ankommt, ist also wichtig, dass Sie sich auf Ihren Part konzentrieren. Fragen Sie sich:

Wie kann ich mein „Angebot" so machen, dass der andere es richtig versteht, annehmen kann und darauf basierend entscheidet, wie er damit umgehen möchte?

Das ist gar nicht so einfach, garantiert Ihnen aber, dass Sie nicht so leicht in die unguten Verhaltensweisen abdriften, die zu Beginn des Kapitels aufgeführt sind.

Den freien Willen zu respektieren, heißt für Ihre Entschuldigung:

„Ich nehme die Ich-Perspektive ein."
Sie formulieren Ihre Entschuldigung so, dass Sie voll und ganz bei sich bleiben und nicht etwa in einem Atemzug die andere Person anklagen oder eine Teilschuld unterschieben.

„Ich manipuliere nicht!"
Sie achten darauf, nicht zu manipulieren. Also weder durch Wortwahl, Gestik, emotionale Erpressung oder sonstige Finten zu versuchen, den anderen in die gewünschte Richtung zu beeinflussen. Das passiert schneller, als man denkt.

„Ich lasse meine Entschuldigung wirken."
Sie formulieren Ihre Entschuldigung und lassen sie dann erstmal so stehen, negieren sie also weder mit anderen Argumenten oder Rechtfertigungen, noch drängen Sie den anderen dazu, sofort etwas zu sagen. Braucht dieser Bedenkzeit, geben Sie sie ihm.

✔ Stellen Sie sich der Sache, aber verfolgen Sie auch Ihre Interessen

Eine Entschuldigung konkret zu formulieren, dient nicht nur der Glaubwürdigkeit, sondern vor allen Dingen auch Ihnen selbst: Sie übernehmen die Verantwortung, aber eben ganz präzise für eine bestimmte Sache. Dadurch können Sie auch gezielt steuern, wofür Sie sich entschuldigen.

Das schlechte Gewissen

Auch wenn eine Entschuldigung Sie nicht automatisch in eine schwächere Position bringt, so kann es durchaus passieren, dass Sie sich selbst in diese Lage bringen. Je größer Ihr schlechtes Gewissen ist, desto eher kann das sein, denn dann wollen wir etwas unbedingt wiedergutmachen oder fühlen uns, als ob wir in der Schuld des anderen stehen. Manchmal verstärkt der andere dieses Gefühl auch: Du hast dich falsch verhalten! Das musst du jetzt wiedergutmachen! Besonders subtil geschieht das oft über emotionale Appelle.

Niemand hat das Recht, Sie mit schlechten Gefühlen in eine bestimmte Richtung zu manipulieren. Andauernde Vorwürfe, Vorhaltungen oder demonstratives Verhalten („Schau her, wie schlecht es mir geht, das ist nur wegen dir!") sind niemals in Ordnung. Machen Sie nicht mit. Ziehen Sie klare Grenzen!

Den eigenen Standpunkt vertreten

Übernehmen Sie also die volle Verantwortung für den Teil, für den Sie sich entschuldigen möchten, aber bleiben Sie selbstbewusst im Gespräch auf Kurs. Gerade, wenn Ihr Gegenüber jemand ist, mit dem Sie öfter zu tun haben, ist es wichtig, nicht nur den Moment zu beachten, sondern auch langfristig zu denken. Konkret heißt das: Die Entschuldigung selbst bleibt immer erst einmal für sich stehen. Verwässern Sie Ihre Aussage nicht gleich mit irgendwelchen Argumenten, Rechtfertigungen oder Ähnlichem. Je nachdem, wie die Reaktion des anderen ist, heißt es dann, Ihre eigenen Interessen

sachlich zu vertreten. Kommt es also zu Statements, die Sie nicht teilen, zu Vorwürfen, die Ihrer Ansicht nach nicht berechtigt sind, oder gräbt der andere alte Kamellen aus, übernehmen Sie die Gesprächsführung.

Die Gesprächsführung übernehmen

- Fragen Sie nach, verbalisieren Sie Beobachtungen:
  „Sie sagen, dass alles wieder in Ordnung ist, aber Sie schauen nicht so. Ihr Gesichtsausdruck wirkt auf mich immer noch sehr wütend und ablehnend …"

- Stellen Sie richtig und denken Sie an die künftige Situation:
  „Ich bin froh, dass du meine Entschuldigung annimmst. Mir war wirklich nicht klar, dass dich die Bemerkung so verletzt hat. Der Gedanke, dass du jetzt fast zwei Wochen darunter gelitten hast und ich das gar nicht mitbekommen habe, ist für mich ganz schlimm. Darum bitte ich dich, wenn nochmal so eine Situation auftreten sollte, gleich mit mir zu sprechen."

- Halten Sie dagegen:
  „Es ist gut, dass jetzt alles auf den Tisch kommt. Es kann aber auch nicht angehen, dass du mir Sache X wieder und wieder vorwirfst. Was brauchst du, damit wir diese Sache endgültig bereinigen?"

- Äußern Sie auch Ihre Seite:
  „Mir ist sehr daran gelegen, dass wir gut zusammenarbeiten. Andererseits gehört dazu auch, dass wir in der Lage sind, direkt miteinander zu reden. Wenn Sie mir wie bei dieser Sache ständig ausweichen und meine Anrufe nicht erwidern, schneiden Sie jede Kommunikation ab."

Wichtig ist, dass Sie jeweils freundlich-sachlich bleiben, also nicht etwa anklagen oder maßregeln, und Ihrem Statement wieder das auffordernde Schweigen folgen lassen, das der andere dann füllen wird.

✔ Steuern Sie das Gespräch

Nicht vom Kurs abbringen lassen

Mit einer Entschuldigung auf den anderen zuzugehen, ist ein erster wichtiger Schritt. Doch meistens geht es jetzt erst richtig los. Handelt es sich um eine für Sie oder die andere Person gravierende Sache, wird es zu einer Aussprache kommen. Das ist eine gute Sache, denn Sie stellen damit sicher, dass es nicht nur bei der Symptombekämpfung bleibt, sondern dass man Grundlegendes vereinbart. Dummerweise führen solche Gespräche aber oft auch ins Chaos. Stellen Sie sich die Entschuldigung wie eine Straße vor. Idealerweise bleiben Sie auf diesem Kurs. Doch es gibt eine Vielzahl von Gesprächswendungen, die dazu führen, dass Sie vom eigentlichen Weg abkommen. Das geht oft sehr schnell:

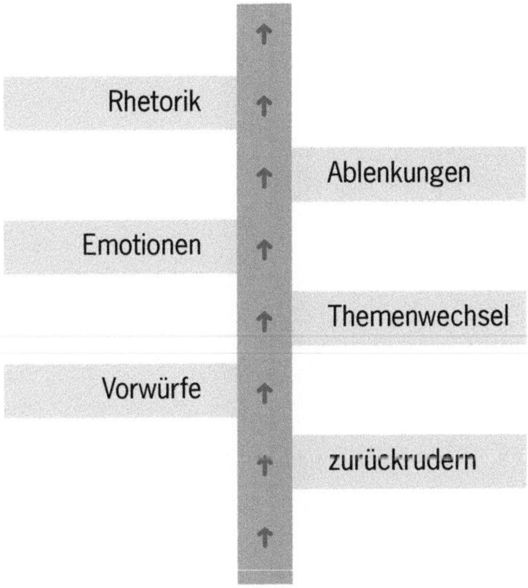

- **zurückrudern:** Sie sind sich plötzlich doch nicht mehr so sicher oder die Reaktion des anderen lässt Sie stocken.
- **Vorwürfe:** Ihr Gegenüber macht Ihnen Vorwürfe („alte Kamellen" oder aktuelle Probleme).
- **Themenwechsel:** Einer von Ihnen beiden schweift auf ein anderes Thema ab.
- **Emotionen:** Gefühle – von Verletzung bis zum Zorn – lassen das Gespräch eskalieren, unabhängig von welcher Seite.
- **Ablenkungen:** Andere Personen oder Rahmenbedingungen lenken ab, indem sie stören oder sich einmischen.
- **Rhetorik:** Der andere dominiert mit Rhetorik oder Logik das Gespräch.

Moderatorenrolle einnehmen

In dem Moment, in dem Sie vom Kurs abkommen, ist es mit der Entschuldigung meist Essig. Zum einen vergeht Ihnen auf einen Schlag jede Entschuldigungsbereitschaft. Zum anderen sind oft beide Beteiligten nach so einer Ablenkung verärgert, sprachlos, traurig, enttäuscht oder es kommt zu Wortgefechten. Bestimmt haben

Sie das sogar schon einmal selbst erlebt, dass aus einer gut gemeinten Entschuldigung urplötzlich der dickste Streit entstanden ist. Damit das nicht passiert, braucht es einfach einen Gesprächspartner, der gleichzeitig eine Moderatorenrolle einnimmt. Behalten Sie also bei jedem Entschuldigungsgespräch nicht nur Ihre eigene Sichtweise im Blick, sondern sorgen Sie aktiv dafür, dass das Gespräch sich in Richtung Lösung bewegt. Voraussetzung dafür, dass Ihnen das gelingt, ist natürlich, dass Sie selbst eine konstruktive Haltung bewahren. Hier kommt Ihnen dann wieder zugute, was ich Ihnen schon in den ersten beiden Kapiteln vermittelt habe: eine Analyse der Situation, der Perspektivenwechsel und die richtige Motivation. Wer ehrlich an einer Lösung interessiert ist, der kann sachlich und konstruktiv sein. Um ein Gespräch zu steuern, helfen Ihnen diese einfachen Werkzeuge:

Werkzeuge der Gesprächssteuerung

- Stellen Sie Fragen: Wenn jemand sehr emotional ist, Vorwürfe oder schwammige Aussagen macht, hinterfragen Sie: „Wie meinst du …“, „Inwiefern …“, „Hast du ein Beispiel dafür …“, „Warum sagst du das jetzt?“
- Achten Sie darauf, selbst klar und eindeutig zu sein, ohne zu bewerten. Und wenn der andere wertet, wiederholen Sie die Aussage in eigenen Worten und lassen die Wertung einfach raus. Fällt beispielsweise der Satz „Das ist ja mal wieder typisch! Jetzt bereust du auf einmal, aber dann machst du es doch wieder!“, können Sie wiederholen: „Du glaubst mir nicht und befürchtest, dass ich es wieder mache.“ Das hält das Gespräch sachlich und macht es Ihnen leichter, auf Einwände konstruktiv einzugehen.
- Parken Sie andere Themen und Nebenbaustellen. Gespräche driften häufig ab, weil jemand aufrechnet oder im Laufe des Gesprächs einfach andere Sachen zur Sprache kommen. Gehören diese nicht genau hier und jetzt zum Thema, parken Sie sie. „Es ist wichtig, dass wir diesen Punkt auch klären. Ich notiere ihn hier und wenn wir das hier geklärt haben, reden wir darüber.“
- Ist alles gesagt, dann führen Sie zur Lösung: „Wie machen wir weiter?“, „Was brauchst du, um …?“, „Was stellst du dir vor …“, „Ich schlage vor … wie siehst du das?“ Das bewahrt Sie davor, dass das Gespräch sich immer wieder dreht und dreht, aber zu keinem Ergebnis kommt.

✔ Lassen Sie Taten folgen

Handeln muss Worten entsprechen

Was jemand sagt und was jemand tut, sind oft zwei verschiedene Paar Stiefel. Stellen Sie sich ein Ehepaar vor, das wieder einmal in Streit geraten ist, weil die Frau dem Mann andauernd ins Wort fällt. Die Frau hat sich gerade entschuldigt. Doch während sie darüber sprechen, warum es zu dem Streit gekommen ist, unterbricht die Frau ihren Mann erneut ständig. Klingt absurd, passiert aber häufig genau so.

Oder nehmen wir das populäre „Es wird nicht wieder vorkommen“. Nicht nur, dass diese Formulierung nicht sonderlich glaubwürdig ist – Sie können niemals pauschal versprechen, dass etwas nie mehr vorkommt. Darum ist es so wichtig, konkret zu werden. Wenn jemand etwas verspricht, aber es dann doch nicht hält, ist es doppelt schlimm. Offenbar war es nicht so gemeint und es ist auch künftig kein Verlass – weder auf das, was die Person sagt, noch auf das, was sie tut. So eine Entschuldigung kann man sozusagen in der Pfeife rauchen. Taten sprechen eben tatsächlich lauter als Worte:

- Manchmal brauchen Sie sich gar nicht groß zu entschuldigen. Es reicht völlig, das zu tun, was Sie tun sollen (oder versprochen haben). Anstatt sich großartig zu entschuldigen, dass Sie Ihren Teil der Hausarbeit wieder nicht gemacht haben, können Sie es auch einfach ab heute zuverlässig tun.
- Wenn Sie etwas als Wiedergutmachung anbieten, dann halten Sie das auch ein. Das kann ich nicht oft genug betonen. Obwohl es eigentlich selbstverständlich sein sollte, bleibt es oft bei einer leeren Versprechung. Bei Bewerbern habe ich es häufig erlebt: Da wurde in der schriftlichen Bewerbung mit Sprachkenntnissen geworben, die gar nicht vorhanden waren. Daraufhin folgte eine lange und breite Entschuldigung des Bewerbers mit dem Versprechen, sofort einen Sprachkurs zu belegen, wenn er die Stelle nur bekäme. Kaum hatte er die Stelle, war alles vergessen.

Wenn man Ihnen nachlaufen muss, weil Sie etwas, das Sie selbst als Bestandteil einer Entschuldigung versprochen haben, nicht erfüllen, nimmt man Ihnen das noch mehr übel als den ursprünglichen Vorfall. Außerdem leidet jetzt auch noch Ihre Glaubwürdigkeit.

Seien Sie einfach im Vorfeld von Versprechungen realistisch, was Sie versprechen wollen und können. Es kann sehr gut sein, dass Sie sich für etwas entschuldigen und Ihr Gegenüber Ihnen ein bestimmtes Versprechen abringen will, sodass Ihnen eigentlich sofort klar ist, dass Sie hier keine Taten folgen lassen werden.

Auf S. 75 ging es um den Freund, der nach der Arbeit mit Kollegen noch einen trinken gegangen ist. Nun könnte es sein, dass die Freundin sagt: „Versprich mir, dass du mich künftig anrufst, wenn du noch spontan wohin gehst." Nun könnte der Freund einwilligen, weil er nichts dagegen hat und es auch selbst blöd fand, dass seine Freundin nicht wusste, was los ist. Vielleicht fühlt er sich durch so ein Versprechen aber gegängelt. Dann dürfte er nicht darauf eingehen, denn entweder er bricht dieses Versprechen, was weitere Konsequenzen nach sich zieht. Oder er beugt sich, fühlt sich aber gegängelt und unter Druck gesetzt. Beides könnte die Beziehung empfindlich stören. Besser ist es, im Vorfeld eine andere Lösung zu finden, mit der beide gut leben können.

Was tun, wenn eine Entschuldigung zurückgewiesen wird?

Ablehnende Reaktion akzeptieren

Nicht immer bekommen wir die erhoffte Reaktion. So enttäuschend das auch sein kann: Eine Entschuldigung ist natürlich immer nur eine Geste von Ihrer Seite aus, die den Weg dafür ebnet, dass man Ihnen vergibt. Die betroffene Person entscheidet, wie sie mit Ihrer Bitte um Verzeihung umgeht. Eine aufrichtige Entschuldigung ruft fast immer eine positive Reaktion hervor. Dennoch kommt es auf die konkrete Situation an und darauf, wie gewichtig die „Verfehlung" aus Sicht des anderen war. Wenn Sie nicht die erhoffte Antwort bekommen, ist es wichtig, jetzt nicht alles mit einer spontanen, ungehaltenen Aktion zunichte zu machen! Ungute Reaktionen, die man oft „im Affekt" zeigt, sind die folgenden:

- Beleidigt sein
- Vorwürfe machen, dass der andere unnachgiebig ist
- Gegenvorwürfe machen: „Du hast aber …!"
- Resignieren: „Dann eben nicht!", „Was wollen Sie denn noch? Soll ich etwa vor Ihnen auf die Knie fallen?!"
- Vorhaltungen machen: „Mit dir kann man einfach nicht reden!", „Sie sind selbstgerecht!"

Dem anderen Zeit geben

Die bessere Reaktion ist es, dem anderen Zeit zu geben. Nicht immer kann man ad hoc mit einer Entschuldigung umgehen. Noch dazu, wenn diese vielleicht aus irgendwelchen Gründen nicht oder noch nicht richtig angekommen ist. Denken Sie daran, dass es bestimmt auch schon Situationen gab, die für Sie schwierig oder nachdenkenswert waren. Manchmal muss sich etwas erst setzen. Ist die Angelegenheit, um die es geht, mit unerfreulichen Konsequenzen verbunden gewesen oder hat die persönliche Beziehung Schaden genommen, ist es oft noch schwerer, erst einmal damit klarzukommen und zu entscheiden, wie man damit umgehen möchte.

Stellen Sie sicher, dass Ihre Botschaft angekommen ist

Entschuldigung wirken lassen

Wichtig ist, nicht auf eine Antwort zu drängen. Sie wollen keinen Druck ausüben (s. S. 70). Lassen Sie die Entschuldigung wirken, halten Sie Sprechpausen aus. Verstärken oder bekräftigen Sie, dass es Ihnen leidtut beziehungsweise, dass Sie die Sache eingesehen haben. Sie können bei einer persönlichen Entschuldigung auch den Vorteil ausnutzen, dass Sie den anderen sehen: „Sie schauen skeptisch …“ oder „Ich sehe, du wirkst verärgert …“ Stellen Sie so eine Beobachtung ruhig und sachlich fest, halten Sie Blickkontakt und warten Sie schweigend ab. Der andere wird dieses Schweigen füllen und Ihnen damit Anhaltspunkte geben, was momentan noch stört. Entschuldigen Sie sich am Telefon, fragen Sie einfach nach einer kleinen Pause: „Was denken Sie?“ oder auch „Ist meine Entschuldigung angekommen?“

Verbinden Sie die Entschuldigung mit einer Hoffnung

Entschuldigung verstärken

Reagiert der andere nicht, erbittet Bedenkzeit oder lehnt Ihre Entschuldigung erst einmal ab, können Sie Ihre Entschuldigung noch einmal verstärken:

- *„Ich verstehe, dass du das alles erstmal verdauen möchtest. Ich hoffe sehr, dass du meine Entschuldigung annimmst und wir uns wieder vertragen.“*
- *„Nach allem, was vorgefallen ist, kann ich verstehen, dass Sie so reagieren. Ich bitte Sie, nochmal in Ruhe darüber nachzudenken. Es ist mir sehr wichtig, dass Sie wissen, wie leid es mir tut.“*
- *„Ich wünschte, ich könnte das alles ungeschehen machen. Leider ist das nicht möglich. Bitte glaube mir: Ich wollte dich nicht verletzen.“*

Sie bekräftigen, dass Sie es ehrlich meinen, indem Sie dem anderen zeigen, dass Sie es sehr ernst meinen und Ihrer Hoffnung Ausdruck verleihen, dass der andere darüber hinwegkommen kann. Und indem Sie gleichzeitig respektvoll damit umgehen, dass der andere die Entschuldigung erstmal zurückweist.

Weniger ist mehr! Beschränken Sie sich kurz und knapp auf die wichtigen Aussagen.

Entschuldigung kann ganz zurückgewiesen werden

Rollen Sie weder die Sache nochmal auf, noch überfordern Sie den anderen, indem Sie ihn zu einem Gespräch zwingen. Wenn Ihre Entschuldigung generell zurückgewiesen wird und sich der andere auch in der Folgezeit „eingeschnappt" verhält, müssen Sie das akzeptieren. Ausschlaggebend ist, dass Sie für sich eingetreten sind. Sie haben die Verantwortung übernommen und sind einen wichtigen Schritt auf den anderen zugegangen. Damit sind wir wieder beim freien Willen: Jeder entscheidet für sich, wie und ob er mit einer Entschuldigung umgeht. Genauso wie Sie nicht jedem alles verzeihen wollen und können, haben andere dieses Recht ebenfalls. Lesen Sie im nächsten Kapitel Näheres über die Gründe, warum Sie selbst eine Entschuldigung nicht annehmen könnten. Das hilft Ihnen auch beim Perspektivenwechsel, wenn Sie auf der anderen Seite stehen.

4.

Ich erwarte eine Entschuldigung!

Entschuldigungen annehmen – oder auch nicht

Stehen Sie auf dem Standpunkt, dass sich jemand entschuldigen sollte, ergeben sich für Sie verschiedene Möglichkeiten. Das Wichtigste: sich nicht durch das Ausbleiben der Entschuldigung verrückt zu machen. Das passiert schneller als man schauen kann, denn je wichtiger Ihnen die Entschuldigung ist, desto fingertrommelnder warten Sie darauf. So eine Wartezeit hat gleichzeitig ihre Tücken, denn sie kann eine schlimme Sache noch schlimmer machen. Verletzungen werden durch Grübeleien heftiger und durch die vermeintliche Ignoranz des anderen noch schmerzhafter. Und auch Wut steigert sich oft ins Unermessliche, wenn eine Entschuldigung ausbleibt.

In diesem Kapitel sehen wir uns an,

- wie Sie damit umgehen können, wenn eine Entschuldigung nicht kommt.
- was Sie tun können, wenn Sie eine Entschuldigung als nicht aufrichtig erleben oder sie zurückweisen möchten.
- in welcher Form Sie einem anderen eindeutig signalisieren, dass er am Zug ist, sich zu entschuldigen.

Nicht passiv abwarten

Mein Hauptanliegen ist es, dass Sie nie einfach passiv abwarten, sondern sich größtmögliche Unabhängigkeit verschaffen: Es ist in Ordnung, eine Entschuldigung haben zu wollen, es darf aber nicht sein, dass Ihr Verhalten und Ihre Gefühle davon abhängen, ob und in welcher Form sie erfolgt. Ich weiß: Das liest sich leichter, als es ist. Aber keine Sorge. Sie erfahren einige ganz praktische Vorgehensweisen, wie Sie diese Unabhängigkeit für sich erreichen.

Nicht zu vergessen: Manche Menschen (oder Unternehmen) entschuldigen sich partout nicht. Das muss man hinnehmen, aber Sie können in diesen Fällen trotzdem glasklar Ihren Standpunkt mitteilen. Damit ist von Ihrer Seite aus alles gesagt … und wer weiß: Der eine oder andere lernt daraus vielleicht für die Zukunft.

Vermissen Sie eine Entschuldigung?

Jetzt ist es also wieder mal so weit. Sie erwarten eine Entschuldigung – doch sie kommt nicht. Was jetzt? Grollen? Es mit sich selbst ausmachen? Abwarten und Tee trinken? Die Sache einfach vergessen? Oder die Entschuldigung sogar einfordern?

Möglichkeit 1: Grollen?

Groll schadet dem Grollenden

So ein Groll hat es ganz schön in sich. Manchmal beginnt er mit Enttäuschung, entwickelt sich aber schnell in Richtung Bitterkeit, Unmut, Hass, Rachegefühle – unsere Beziehung zum anderen kühlt sich ab oder wir werden richtiggehend feindselig. Darin liegt auch schon die Antwort: So menschlich das Grollen auch ist, so bringt es Ihnen gar nichts. Im Gegenteil: Auch wenn es sich manchmal ganz gut anfühlt, über jemanden herzuziehen oder innerlich zu schimpfen, so schadet Groll immer. In erster Linie Ihnen selbst!

Herr der eigenen Gefühle bleiben

Nutzen Sie aufkommenden Groll bitte immer als Sprungbrett dafür, konstruktiv mit den Gegebenheiten umzugehen. Ich weiß, ich weiß, das klingt jetzt arg nach „Ommmm" und ein besserer Mensch sein, aber das ist überhaupt nicht gemeint. Konstruktiv mit Groll umgehen heißt weder ihn wegdrücken noch sich die Sachen schönreden. Es heißt lediglich: Nehmen Sie Ihre Gefühle wahr und nehmen Sie sie ernst. Wenn Sie enttäuscht oder grantig sind, weil sich jemand in Ihren Augen falsch verhalten hat und jetzt noch nicht mal darauf eingeht, dann sind das ganz legitime Gefühle. Der Impuls, nie mehr mit jemandem zu reden oder ihm sogar den Kragen umzudrehen, ist ebenfalls ganz normal. Doch wenn Sie sich jetzt von diesen Gedanken komplett leiten lassen und sich immer weiter hineinsteigern, wie ignorant oder unfair oder gemein der andere war, dann machen Sie sich zum Sklaven Ihrer Gefühle. Das berühmte Elefantengedächtnis, das viele Menschen gerade bei Enttäuschungen hegen und pflegen, ist eine äußerst schlechte Idee. Der eigentliche Vorfall rückt meistens in den Hintergrund,

das Verhalten des anderen wird im Gegenzug dazu immer gewichtiger und schlimmer. Und selbst wenn dieser sich wirklich wie ein Schwein verhalten hat, ist Ihnen nicht damit gedient, wenn Sie diesem Verhalten so viel Macht geben.

Viel mehr bringt es Ihnen, wenn Sie sich davon unabhängig machen. Der Wunsch nach einer Entschuldigung ist das eine. Die Unabhängigkeit, dass es Ihnen gut geht und Sie mit dem Vorfall umgehen lernen (und ihn auch abhaken können, selbst wenn es weder zu Einsicht noch zu einer Entschuldigung kommt!), ist viel wichtiger. Doch wie lässt sich so eine Unabhängigkeit erreichen?

In fünf Schritten zur Tat

In Kapitel 2 haben Sie fünf Schritte kennengelernt, mit denen Sie Ihr schlechtes Gewissen zum Schweigen bringen und sich wieder handlungsfähig machen:

- Schritt 1: Hinhören
- Schritt 2: Wertungen raus!
- Schritt 3: Fakten von Annahmen trennen
- Schritt 4: Perspektivenwechsel
- Schritt 5: Standpunkt-Check

Diese fünf praktischen Schritte nützen Ihnen immer dann, wenn die Gefühle hochschwappen. Blättern Sie noch einmal zurück auf S. 33, um die Details dazu nachzulesen. Sie können Ihre große Enttäuschung oder Ihren Groll damit ebenfalls in Schach halten. Da das mit dem Perspektivenwechsel immer ganz besonders schwierig ist, wenn man sich ungerecht behandelt fühlt oder gar wütend auf den anderen ist, gehen wir darauf jetzt nochmal genauer ein:

Der Perspektivenwechsel

Jeder macht mal Fehler

Wissen Sie, was mir immer wieder hilft, wenn ich mich über jemanden ärgere oder wahnsinnig enttäuscht bin? Ich erinnere mich ganz einfach daran, dass ich manchmal ebenso handle: dass auch ich andere schon verletzt, nicht gegrüßt oder angeraunzt habe, dass ich auch schon etwas versäumt oder einfach nicht gemacht habe, dass ich auch schon unfair oder trotzig war („Jetzt erst recht nicht!"). Allein das holt mich meistens von meiner Palme, denn es

setzt einem den Kopf wieder gerade auf. Es hilft auch, sich zu erinnern, dass es kaum richtige Teufel gibt, die aus purer Bosheit handeln, sondern dass die allermeisten Menschen ganz normale nette Leute wie Sie und ich sind. Manchmal ist damit der Groll schon verschwunden.

Verbieten Sie sich, gedanklich oder im Gespräch mit anderen die Sache wieder und wieder aufzuwärmen! Dieses Hineinsteigern – womöglich mit Ausschmückungen – hält die Wutflamme am Flackern. Erlauben Sie sich das nur unter Berücksichtigung von „Schritt 2: Wertungen raus!“ und „Schritt 3: Fakten von Annahmen trennen“!

Sich in den anderen versetzen

Der Perspektivenwechsel, wenn Sie fingertrommelnd auf eine Entschuldigung warten, bedeutet, dass Sie sich in die Lage des anderen versetzen. Da uns dieses „Noch nicht mal entschuldigt hat er/sie sich!“ oft noch wichtiger ist als der Vorfall selbst, ist es also nützlich sich zu fragen: Welche Gründe könnte es geben, dass der andere sich noch nicht entschuldigt hat?

Die Situation aus Sicht des anderen

Sie haben sich in den ersten Kapiteln ja bereits intensiv damit auseinandergesetzt, warum Entschuldigungen tatsächlich oft schwierig für einen selbst sind. All die Entschuldigungsverhinderer, die Sie mitunter selbst spüren, treffen auf andere ebenfalls zu. Dazu kommt, dass unsere eigene Sicht der Dinge natürlich nicht 1:1 übertragbar ist. Ihnen fällt es möglicherweise sehr leicht, Fehler zuzugeben oder „Es tut mir sehr leid!“ zu sagen, aber für manche Leute ist das megaschwer. Es ist also eine gute Idee, trotz Ihrer momentanen Ungeduld in die Schuhe des Gegenübers zu steigen und sich zu fragen: Wie sieht die Situation aus Sicht des anderen aus? Mit welchen Entschuldigungsverhinderern könnte er/sie es zu tun haben? Der andere hat vielleicht überhaupt nicht gemerkt, dass er sich ungut verhalten hat; er schätzt die Situation anders ein als Sie; er hat Angst vor Ihrer Reaktion; er ist trotzig; er rechnet auf; er meint, er könnte schlecht dastehen und, und, und …

Wohlgemerkt: Mit diesem Anerkennen der Gründe, warum Sie noch keine Entschuldigung erhalten haben, stellen Sie keinen Freibrief aus! Sie räumen anderen Menschen schlichtweg ein, was für Sie selbst auch gilt.

Denken Sie bitte auch daran, dass Entschuldigungen mitunter auch als Schuldanerkenntnis gewertet werden. Darum wird bei allen Vorfällen, die mit Recht und Gesetz zu tun haben, den Verursachern von ihren Vorgesetzten oder Anwälten oft ein Maulkorb verpasst.

Auf die sachliche Ebene wechseln

Im Idealfall können Sie mit dem Perspektivenwechsel von der rein emotionalen Ebene auf die sachliche Ebene wechseln. Das heißt nichts anderes, als dass Sie sozusagen „runterfahren" und ohne übertriebene Emotionalität mit dem Vorfall umgehen können. Jetzt ist das Fundament für die weiteren Möglichkeiten gelegt: Sie können unabhängig von der Entschuldigung die Angelegenheit mit sich selbst ausmachen; Sie können noch etwas abwarten, ob doch noch eine Entschuldigung kommt (nun aber ohne von Tag zu Tag zorniger zu werden); Sie können die Sache einfach vergessen; oder Sie können den anderen schlichtweg darauf hinweisen, dass da noch eine Entschuldigung fällig ist.

Möglichkeit 2: Mit sich selbst ausmachen?

Situation im eigenen Sinne beeinflussen

Warum, fragen Sie sich jetzt vielleicht, sollte man etwas mit sich selbst ausmachen, wenn doch gerade eine Entschuldigung so eine große Bedeutung hat? Der andere soll mich doch ernst nehmen, er soll erkennen, dass er etwas und was er falsch gemacht hat. Das stimmt. Doch genauso ernst sollen Sie sich selbst nehmen. Und damit sind wir wieder bei der Unabhängigkeit. Wenn Sie es schaffen, unabhängig vom Verhalten einer anderen Person Ihren Seelenfrieden wiederzubekommen, können Sie jede Situation zu hundert Prozent in Ihrem Sinn beeinflussen. Das ist eine unschätzbare Fähigkeit! So können Sie kleine Ärgernisse oder auch schlimmere

Vorfälle innerlich selbst aufarbeiten. „Aufarbeiten" klingt ein wenig wie „sich auf die Couch legen", aber es ist schon so gemeint: Wenn etwas an uns nagt oder wir sogar regelrecht angefressen sind, dann können wir erst dann zur Tagesordnung übergehen, wenn wir die Sache auch wirklich für uns erledigt haben.

Wem es gelingt, sich unabhängig vom Verhalten anderer Menschen zu machen, lebt viel freier und unbeschwerter. Natürlich ist mit Unabhängigkeit nicht gemeint, niemanden mehr zu brauchen oder sich total abzuschotten! Das Unabhängigmachen vom Verhalten anderer heißt, dass Sie Ihr Selbstmanagement beherrschen: Sie sind in der Lage, Situationen zu durchdenken, Verhalten zu bewerten, sich mit Empathie in andere hineinzufühlen – aber Sie machen Ihr eigenes Gefühlsleben und Ihr Handeln nicht davon abhängig, ob und was andere tun. Natürlich: Das ist die Königsklasse. Vielleicht sind Sie bereits dazu in der Lage oder Sie haben in Ihrem Umfeld Personen, die selbstbewusst und klar sind und die niemals schlaflose Nächte bekommen würden, weil jemand etwas getan oder unterlassen hat.

Was „mit sich selbst ausmachen" bedeutet

Mit sich selbst ausmachen heißt nicht:

- vor sich hinzugrübeln, eine Situation wieder und wieder unverändert in Gedanken zu erleben
- die eigenen Bedürfnisse hintanzustellen und ein „besserer Mensch" sein zu müssen
- sich eine Sache schönzureden
- sich dazu zu zwingen, jemandem zu vergeben
- die Schuld bei sich zu suchen

Es bedeutet:

- eine Situation zu analysieren: sie von allen Seiten zu betrachten
- nicht alles auf die Goldwaage zu legen
- die eigenen Bedürfnisse ernst zu nehmen, aber auch konstruktiv zu hinterfragen
- den eigenen Anteil zu erkennen
- Gesagtes oder Verhalten zu überprüfen: konstruktive Inhalte herauszuziehen und Unpassendes oder Unfaires entsprechend zu bewerten und ad acta zu legen
- aktiv auf den anderen zuzugehen und ihm den eigenen Blickwinkel und Erwartungen vermitteln zu können

Sehen wir uns zwei Beispiele an – eines aus dem Privatleben und eines aus der Berufswelt –, wie es aussehen könnte, wenn Sie einen Vorfall mit sich selbst ausmachen. Wenn zudem doch noch eine Entschuldigung kommt: wunderbar. Wenn nicht: dann eben nicht! Sie haben die Situation für sich durchdacht, bewertet und abgeschlossen.

Ein Kollege hat vor dem Chef Ihre Idee als seine ausgegeben. Sie sind stinksauer: Sie haben so viel Arbeit reingesteckt, sind stolz auf die Neuerungen, die Sie implementiert haben, und jetzt hat der Kollege in der Besprechung so getan, als ob alles auf seinem Mist gewachsen ist. Noch wütender sind Sie, weil Sie nicht sofort protestiert haben, sondern relativ sprachlos dabeisaßen. Als Sie ihn nach der Besprechung zur Rede gestellt haben, hat er damit argumentiert, dass es ja eine Teamsache wäre und das Ergebnis zählt. Nicht mal entschuldigt hat er sich! Das tut man doch nicht!

Was ist in der Situation zu tun?

Mit sich ausmachen bedeutet in diesem Fall, dass Sie überlegen, was Sie selbst in dieser Situation tun können. Einerseits ist es Ihre Entscheidung, wie Sie über diese Sache und den Kollegen denken; andererseits können Sie überlegen, was Sie aktiv tun können, um sich die Butter nicht vom Brot nehmen zu lassen. Sie analysieren die Situation und ziehen folgende Schlüsse:

Analyse der Situation

- Sie haben an der Reaktion des Kollegen gesehen, dass er kein Interesse daran hat, das richtigzustellen, und vordergründig sogar so tut, als sei es keine große Sache gewesen. Sie sind stolz darauf, dass Sie ihn unmittelbar nach dem Meeting darauf angesprochen haben. Und Sie wissen: „Zum Glück bin ich nicht so, dass ich Ideen anderer als meine ausgebe."
- Sie wissen außerdem: Ihr Chef ist ein fairer und aufmerksamer Mann, der sehr wohl die gesamte Arbeitsleistung seiner Mitarbeiter sieht – er weiß, was Sie alles tun und auf dem Kasten haben.
- Sie wissen aber auch: Ihr Chef kennt die genaue Aufgabenverteilung im Projekt nicht. Das heißt, dass Sie morgen um ein Gespräch bitten und das richtigstellen werden. Dabei wollen Sie darauf achten, den Kollegen nicht anzuschwärzen und sich

nicht einfach zu beklagen, weil Sie das schlecht aussehen lässt. Sie möchten schon richtigstellen, dass Ihre Arbeit anerkannt wird, aber zusätzlich souverän mit weiteren Details zur Sache argumentieren, sodass klar ist, dass es Ihnen um das Projekt und das Ergebnis geht.

- Sie lernen daraus, dass Sie in der Besprechung völlig sprachlos waren, anstatt die Sache richtigzustellen. Das passiert Ihnen nicht nochmal! Jetzt sind Sie darauf gefasst, dass so etwas passieren kann, und werden das nächste Mal sofort aktiv.

Eine Freundin ist Ihnen in den Rücken gefallen. Sie waren in einer größeren Gruppe aus. Eine Bekannte hat Sie offen kritisiert, dass Sie immer zu viel reden. Ihre engste Freundin hat nur gelacht, anstatt Ihnen beizustehen. Sie haben das als Vertrauensbruch erlebt: Der Vorwurf der Bekannten ist schon schlimm genug; dass Ihre Freundin dem zuzustimmen schien, finden Sie noch viel schlimmer.

Analyse der Situation

Sie analysieren die Situation und ziehen folgende Schlüsse:

- Sie können sich das Verhalten Ihrer Freundin gar nicht erklären: Sie sind ganz sicher, dass sie nicht denkt, dass Sie zu viel reden.
- Sie merken, dass Sie der Vorwurf, dass Sie zu viel reden könnten, sehr getroffen hat und dadurch alles, was an dem Abend geschah, in diese Richtung interpretiert haben.
- Sie lassen die Situation nochmal Revue passieren und dabei fällt Ihnen auf, dass Sie gar nicht genau wissen, warum Ihre Freundin gelacht hat: Sie haben es als Zustimmung interpretiert, aber die Freundin kann auch über etwas anderes gelacht oder sich über die abwegige Vorhaltung amüsiert haben.
- Sie setzen sich mit dieser Bekannten auseinander, die Sie nicht gut kennen, die Ihnen auch nicht wichtig ist.
- Da Sie für sich selbst geklärt haben, dass Sie a) Ihre engste Freundin gut genug kennen, b) der Vorwurf, zu viel zu reden, Sie zwar getroffen hat, er aber objektiv nicht stimmt und c) die Meinung dieser entfernten Bekannten keine wirkliche Bedeutung für Sie hat, können Sie die Sache abhaken.

Natürlich sind die Beispiele stark verkürzt, doch Sie sehen, worauf es hinausläuft: Sie analysieren die Situation und können sie konstruktiv bewerten. Sie müssen weder sich selbst noch dem anderen etwas nachtragen. Und wenn Sie doch den Impuls verspüren, etwas wieder aufzukochen, dann rufen Sie sich auf Kurs: Wenn es doch nicht erledigt ist, heißt es, den anderen darauf anzusprechen (s. S. 135).

Möglichkeit 3: Abwarten und Tee trinken?

Je nachdem, was vorgefallen ist, kann es sein, dass sich die Sache erst mit etwas Verzögerung klärt: Der andere muss einfach etwas länger nachdenken oder sich erst ein Herz fassen. Vielleicht ist er auch erst nachträglich darauf gekommen, dass eine Entschuldigung angebracht wäre, weil Sie sich merkwürdig verhalten oder weil Zeugen des Vorfalls etwas Entsprechendes gesagt haben.

Zeit ist kein Grund für Ablehnung

Während der Zeit, die ins Land gegangen ist, sind Sie vermutlich ungehalten geworden: immer noch etwas enttäuschter, immer noch etwas wütender; oder Sie stehen sogar auf dem Standpunkt: „Jetzt ist es zu spät! Jetzt kann ich auch drauf verzichten!" So menschlich eine solche Reaktion ist, so tun Sie sich – und dem anderen – damit keinen Gefallen! Es gibt durchaus einige Gründe, warum Sie eine Entschuldigung ablehnen möchten, doch etwas verstrichene Zeit sollte nicht dazugehören – außer Sie merken, dass die nachgeschobene Entschuldigung nicht aufrichtig ist, aber das liegt dann nicht an der Zeit, sondern an der Art, wie im dritten Kapitel beschrieben. Die große Frage für Sie ist doch: Können Sie mit dem Perspektivenwechsel (S. 122) und mit dem „Mit sich selbst ausmachen" (S. 124) die Situation für sich so weit erledigen, dass Sie zwar nach wie vor eine Entschuldigung begrüßen – aber eben nicht davon abhängig sind?

- Wenn ja, dann ist das Abwarten und Tee trinken momentan eine gute Alternative.
- Wenn nein, dann ist es wichtig, den Mund aufzumachen!

Gleich geht es darum, wie Sie den anderen auf die von Ihnen erwartete Entschuldigung ansprechen können, ohne dass es sich komisch für Sie anfühlt – und vor allen Dingen ohne dass eine herausgepresste Pro-forma-Entschuldigung dabei rauskommt. Zuerst müssen wir aber noch über die „Schwamm drüber"-Alternative reden.

Pro-forma-Entschuldigung ist nichts wert

Möglichkeit 4: Vergeben und vergessen?

Empfindungen ausloten

Eine „Schwamm drüber"-Haltung ist meistens dann kein großes Problem, wenn die Sache kein wirkliches Drama war und wenn wir die Person, um die es geht, entweder gerne mögen oder sie uns nicht wichtig ist. Ich sage absichtlich „meistens", denn natürlich ist hier wieder Ihre Empfindung ausschlaggebend. So kann es sein, dass es Ihnen völlig egal ist, wenn jemand Sie schief von der Seite anspricht, weil Sie selbstbewusst sind und auf blödes Gerede nichts geben. Es kann aber auch sein, dass eine unhöfliche Bemerkung Sie regelrecht verfolgt und Sie sich noch Jahre später daran erinnern, als ob es erst gestern passiert wäre. Loten Sie doch gleich mal Ihren Maßstab näher aus.

Was ist für mich besonders schlimm?

Bitte tragen Sie auf der Skala ein, wie schlimm so ein Vorfall jeweils für Sie ist. 1 bedeutet „keine große Sache/kann ich schnell vergessen/macht mir nichts aus" und 10 ist „finde ich unmöglich/wühlt mich auf/verfolgt mich". Wenn Sie dabei jeweils unterscheiden, ob es sich um eine nahestehende Person handelt, machen Sie unterschiedlich farbige Kreuze für „nahestehend" und „irgendwer".

Selbst-Check

Wenn ich verletzt bin/mich persönlich angegriffen fühle.

nicht schlimm — sehr schlimm

1	2	3	4	5	6	7	8	9	10

Wenn jemand hinter meinem Rücken über mich spricht.

1	2	3	4	5	6	7	8	9	10

Wenn jemand ein Versprechen bricht.

1	2	3	4	5	6	7	8	9	10

Wenn mich jemand enttäuscht/meine Erwartungen nicht erfüllt.

1	2	3	4	5	6	7	8	9	10

Wenn ich Konsequenzen zu büßen habe („Sündenbock“ bin, Geld verliere o. Ä.).

1	2	3	4	5	6	7	8	9	10

Wenn jemand laut, unfair oder gemein zu mir ist.

1	2	3	4	5	6	7	8	9	10

Wenn ich das Gefühl habe, ausgenutzt zu werden.

1	2	3	4	5	6	7	8	9	10

Wenn ich als selbstverständlich angesehen werde („Mit mir kann man es ja machen“, „Er/sie ist sowieso immer da“, „Bei ihm/ihr muss ich mir keine Mühe geben“ …).

1	2	3	4	5	6	7	8	9	10

Wenn mich jemand anlügt.

1	2	3	4	5	6	7	8	9	10

Wenn jemand mich/meine Bedürfnisse und Wünsche ignoriert.

1	2	3	4	5	6	7	8	9	10

Wenn jemand etwas, das ich ihm leihe (Geld, Bücher o. Ä.) nicht zurückgibt.

1	2	3	4	5	6	7	8	9	10

Wenn sich jemand nie für etwas bedankt.

1	2	3	4	5	6	7	8	9	10

Wenn sich jemand bei mir immer nur meldet, wenn er etwas braucht.

1	2	3	4	5	6	7	8	9	10

Möchten Sie noch etwas ergänzen?

____

1	2	3	4	5	6	7	8	9	10

____

1	2	3	4	5	6	7	8	9	10

Das sagt Ihnen die aktuelle Momentaufnahme

Selbst-Check auswerten

Diese wenigen Fragen zeigen Ihnen jetzt schon auf den ersten Blick, welche Art von Verfehlung Sie besonders angreift. Meistens ergibt sich eine gesunde Mischung: Fast jeder Mensch hat Dinge, die ihm mehr nahegehen oder wütender machen – und andere, die ihn überhaupt nicht großartig tangieren.

- Je öfter Sie die unteren Werte der Skala angekreuzt haben, desto ausgeglichener sind Sie und desto souveräner können Sie mit solchen Situationen umgehen.
- Je öfter Sie Ihre Kreuze auf der rechten, dunkleren Seite der Skala gemacht haben, desto intensiver sind Sie getroffen und desto nachtragender sind Sie. Nachtragend zu sein, also das berühmte Elefantengedächtnis zu haben, tut in erster Linie Ihnen selbst weh. Darum ist es umso wichtiger, dass Sie mit dieser Bestandsaufnahme nun etwas intensiver weiterarbeiten.
- Achten Sie nicht nur auf die einzelnen Werte, sondern prüfen Sie, ob sich wieder ein Muster ergibt – und klopfen Sie dieses Muster näher ab.
- Haben Sie zum Beispiel alle Kreuze sehr weit links, also bei „nicht so schlimm" gemacht, dann überprüfen Sie kurz: Stimmt das wirklich? Bin ich so selbstsicher und komme wirklich so gut damit klar? Oder haben Sie zu spontan und undifferenziert geantwortet?

- Sind alle Kreuze sehr weit rechts? Ist das immer so oder bin ich vielleicht gerade etwas angegriffen beziehungsweise momentan wegen etwas sauer, das meinen Blick zu sehr trübt?

So können Sie mit dieser Skala weiterarbeiten

Antworten genauer auswerten

Sie können die Skala als Ausgangspunkt für Ihr Selbstmanagement-Training nutzen, indem Sie sich nun alle Ihre Antworten etwas genauer vorknöpfen:

- Lesen Sie die Frage nochmal durch und schauen Sie, wo Sie Ihr Kreuz angebracht haben. Haben Sie unterschieden, wer die andere Person ist? Ist es zum Beispiel unverzeihbar für Sie, wenn Sie eine nahestehende Person anlügt, während Sie es weit weniger schlimm bei einem Arbeitskollegen empfinden?
- Schreiben Sie auf einem Block auf, warum Sie diesen Wert so vergeben haben: Was genau ist so schlimm daran für Sie (beziehungsweise warum ist gerade diese Sache gar nicht so tragisch)? Fällt Ihnen ein Beispiel ein: Wie war die damalige Situation? Wer war beteiligt? Wie sind Sie damit umgegangen? Und: Wie fühlt sich das heute an? Ist es einfach eine Erinnerung oder wühlt es Sie auch heute noch auf?
- Das Wichtigste dabei ist, dass Sie sich überlegen, wie Sie momentan mit so einem Vorfall umgehen, den Sie schlimm finden: Meiden Sie die Person, denken Sie immer wieder und wieder darüber nach, zucken Sie die Schultern und lassen es auf sich beruhen, sinnen Sie auf Rache oder fühlen Sie sich vielleicht sogar irgendwie schuldig? Notieren Sie jeweils, wie Sie sich normalerweise verhalten. Bewerten Sie dieses Verhalten dann einmal sachlich: Wie sehr nützt mir dieses bisherige Verhalten? Hilft es mir oder macht es die Sache noch schlimmer? Was könnte ich anders machen, was würde mir helfen, um souveräner damit umzugehen? Eine gute Hilfestellung dabei sind die Situationen, bei denen Sie „nicht so schlimm" angekreuzt haben: Überlegen Sie, warum Sie bei diesen anderen Aspekten viel schneller darüber hinwegkommen und warum es Sie weit weniger angreift. Dieses Verhalten können Sie dann auch für die schlimmeren Vorfälle für sich nutzen.

- Wie müsste sich die andere Person jeweils verhalten, damit Sie diese Angelegenheit hinter sich lassen? Könnten Sie die Sache mit einer aufrichtigen Entschuldigung tatsächlich vergeben und vergessen? Worauf legen Sie Wert bei einer Entschuldigung?

Mund auf bei Wunsch nach Klärung!

Übrigens: Wenn sich bei Ihnen großer Widerwillen regt gegen dieses Analysieren und „Vergebenwollen", ist das meistens ein unmissverständlicher Hinweis darauf, dass Sie eben nicht einfach so darüber hinweggehen wollen. Können oder möchten Sie dem anderen nicht vergeben, weil es Ihnen sehr wichtig ist, die Angelegenheit gemeinsam zu klären, dann heißt es: Mund aufmachen!

Möglichkeit 5: Eine Entschuldigung einfordern?

Wann Einfordern angebracht ist

Es klingt merkwürdig, jemanden auf eine Entschuldigung anzusprechen, doch tatsächlich ist das durchaus angebracht. Nämlich dann,

- wenn Sie merken, dass nichts kommt, Sie aber nicht darüber hinweggekommen. Denn nur, wenn Sie eine Aussprache herbeiführen, ist es möglich, mit dem anderen auch weiterhin – hoffentlich unbelasteten – Kontakt zu haben. Das gilt natürlich auch für berufliche Themen, etwa wenn Sie sich als Kunde ungut behandelt fühlen, aber doch gerne weiter dort bleiben würden, sofern die Reaktion nun entsprechend ist.
- wenn der andere so tut, als wäre nichts gewesen, und versucht zur Tagesordnung überzugehen, obwohl Sie wissen, dass er weiß, dass etwas nicht stimmt.
- wenn Sie die Sache zwar für sich abgehakt haben, dem anderen aber klar und deutlich zu verstehen geben möchten, dass es hier Anlass für eine Entschuldigung gegeben hätte. Wenn wir beim Kundenbeispiel bleiben, so brechen Sie vielleicht den Kontakt ab, möchten das jedoch gerne begründen und so dem Unternehmen die Gelegenheit geben, sich beim nächsten Kunden besser zu verhalten.

Erzwungene Entschuldigung bringt nichts

Nun ist natürlich die große Frage: Wie weise ich den anderen darauf hin, sodass es mir auch etwas bringt und nicht einfach zur Pflichtübung wird? Eine „herausgepresste" Entschuldigung will man nicht haben, denn ernst gemeint soll sie natürlich schon sein. Sie haben dabei verschiedene Möglichkeiten:

- Sie können Ihren Unmut äußern und Ihr Gegenüber so darauf hinweisen, dass eine Entschuldigung angebracht wäre.
- Sie können den anderen geradeheraus darauf ansprechen, dass Sie eine Entschuldigung erwarten.

Entscheiden Sie sich für das Ansprechen, dann tun Sie das bitte nur, wenn Sie die Entschuldigung, die daraufhin kommt, auch wirklich annehmen. Wenn Sie dazu gar nicht mehr bereit sind, ist es wichtig, Klartext zu sprechen, zum Beispiel, indem Sie dem anderen vermitteln, dass der Zug zwar in diesem Fall abgefahren ist, er aber daraus lernen kann.

Unmut äußern – aber sachlich bleiben

Dabei geht es nicht um mehr oder minder deutliche Signale, die den anderen Ihren Unmut spüren lassen, etwa demonstratives Schweigen, ein mieses Gesicht zu machen (aber auf Rückfrage zu behaupten: „Es ist nichts!") oder schnippisch zu reagieren. Sondern wir reden hier über Klartext: Sie sagen dem anderen deutlich, was Ihr Missfallen erregt hat beziehungsweise was Sie verletzt hat und warum eine Entschuldigung angebracht wäre.

Positive Atmosphäre schaffen

Natürlich ist es wichtig, das auf konstruktive Art zu tun. Denn wenn Sie nörgelig, wütend oder vorwurfsvoll sind, entgleist so ein Gespräch meistens schnell. Es wird hitzig, die andere Person wird defensiv, die Gefühle kochen hoch. Doch Sie möchten ja gerne, dass der andere Sie ernst nimmt und Ihre Reaktion nachvollziehen kann – und nicht etwa, dass man Sie als hysterisch oder kleinkariert betitelt. Darum heißt es: sachlich bleiben. Wie Sie das trainieren können, dazu haben Sie schon einige Tipps bekommen. Eine konstruktive Haltung stellt sicher, dass Ihr Gegenüber nicht in die Defensive abrutscht. Auch Menschen, die sich sonst schlecht entschuldigen können, tun sich in so einer Atmosphäre leichter, ein Fehlverhalten zuzugeben.

Beispiele

anklagend:	konstruktiv:
„Was ist das denn für ein bescheuertes Verhalten?!"	„Das ständige Korrigieren stört mich. Du vermittelst mir damit den Eindruck, irgendwie über mir zu stehen."
„Denkst du vielleicht auch mal darüber nach, dass so eine Bemerkung ziemlich verletzend ist? Nächstes Mal vielleicht besser Gehirn einschalten."	„Wenn du so negativ über Sekretärinnen sprichst, verletzt mich das. Und: Solche Pauschalaussagen lassen dich, ehrlich gesagt, auch nicht so gut aussehen."

Auf die Wirkung kommt es an

Konstruktiv wird es dann, wenn Sie glasklar aussprechen, was Sie stört und warum. Wenn Sie die Beispiele oben laut vorlesen, merken Sie auch deutlich, wie unterschiedlich die Wirkung auf diese Sätze ist. Bei den Vorwürfen fühlt man sich angegriffen und das führt fast automatisch zu einer Verteidigungshaltung. Die Wahrscheinlichkeit, dass daraufhin Einsicht und eine Entschuldigung folgen, ist nicht besonders hoch. Wenn Sie in unmissverständliche Worte fassen, was Ihnen gegen den Strich geht und welche Folgen es hat,

- muss die andere Person nicht rätseln oder selbst darauf kommen,
- geben Sie ihr keine Gelegenheit für Ausflüchte, wie das bei Anklagen der Fall ist,
- kann sie das Gesicht wahren und ein „Du hast recht" ist wahrscheinlicher.

Den anderen auf eine Entschuldigung ansprechen

Nicht anklagen!

Hierfür gelten die gleichen Prinzipien wie zuvor: Sie sagen, was Sie stört und welche Auswirkungen es auf Sie, die Beziehung oder das Image des anderen hat. Sie achten darauf, konstruktiv zu bleiben und nicht anzuklagen. Und Sie sagen dazu, dass Sie auf eine Entschuldigung aus sind. Hierbei können Sie einen kleinen Kunstgriff nutzen: die gezielte Schweigepause. Wann immer wir jemanden mit etwas konfrontieren, ist es gut, unsere Worte auch wirken zu lassen.

Eine gezielte Pause verleiht Ihren Worten mehr Gewicht, gibt dem Gegenüber Zeit nachzudenken und nimmt ihn gleichzeitig in die Pflicht. Fast jeder Gesprächspartner wird eine Pause nämlich von sich aus füllen, wenn Sie geduldig genug sind, es nicht selbst zu tun. Sie würden also nicht sagen:

„Sie sind mir den ganzen Vormittag ins Wort gefallen, und das vor unserem Kunden. Das ist nicht nur unhöflich, sondern lässt mich und unser Unternehmen vor dem Kunden schlecht aussehen. Ich erwarte eine Entschuldigung!"

Die gezielte Schweigepause

Bauen Sie stattdessen eine auffordernde Schweigepause ein:

„Sie sind mir den ganzen Vormittag ins Wort gefallen, und das vor unserem Kunden. Das ist nicht nur unhöflich, sondern lässt mich und unser Unternehmen vor dem Kunden schlecht aussehen."

Hier machen Sie eine Pause, schauen dem anderen unverwandt in die Augen, und zwar so, als ob Sie jetzt eine Erwiderung erwarten. Halten Sie das Schweigen aus. Sie wissen: Es ist fast garantiert, dass der andere jetzt etwas sagt. Auf die Erwiderung können Sie entweder eingehen – die Wahrscheinlichkeit, dass eine Entschuldigung nun schon kommt, ist hoch – oder Sie setzen anschließend noch die Aufforderung nach: „Ich erwarte eine Entschuldigung!"

Die schriftliche Variante

Das gleiche Prinzip gilt natürlich auch schriftlich, nur dass hier die Kunstpause entfällt. Stellen Sie sicher, dass Sie schriftlich klar genug formulieren, was Sie stört und warum. Sie können es dann entweder wieder bei der Darstellung belassen oder Sie sprechen deutlich aus, was Sie als Wiedergutmachung erwarten.

Für eine Entschuldigung ist es zu spät

Wenn Sie von sich aus auch mit einer nun folgenden Entschuldigung nicht mehr bereit sind einzulenken, dann heißt es, von vornherein Klartext zu sprechen. Der Karren ist im Dreck und kommt da auch nicht mehr heraus, aber Sie schildern aus Ihrer Sicht nochmal die Dinge: Was wie bei Ihnen angekommen ist, warum Sie welche Konsequenz ziehen und ob eine Entschuldigung,

sofern sie zur rechten Zeit gekommen wäre, die Sache bereinigt hätte. So eine Reaktion verfolgt meistens zwei Ziele: erstens, den eigenen Standpunkt noch einmal zu schildern und ihn nachvollziehbar zu machen, und zweitens, dem anderen die Möglichkeiten zu geben, sich in künftigen, ähnlichen Situationen besser zu verhalten. Wenn Sie diese Option wählen, gibt es auch einige Regeln:

- Bleiben Sie kurz und knapp.
- Seien Sie sachlich: Vermeiden Sie Angriffe, Bewertungen und Unterstellungen.
- Nennen Sie klipp und klar Ihre Konsequenz.

Warum ist das so wichtig? Man könnte ja meinen, dass die Sache damit endgültig erledigt ist und es nicht mehr so darauf ankommt. Warum nicht einfach so richtig vom Leder ziehen? Der Grund ist ganz einfach: Sie möchten dem anderen nicht die Gelegenheit geben, sich an irgendwelchen Details aufzuhängen oder gar Ihre Sichtweise nicht ernst zu nehmen, weil er Sie als „unsachlich", „rüpelhaft" oder Ähnliches einordnet.

Vorteile eines Briefes

Meistens ist es gut, diesen Schlussstrich schriftlich zu ziehen. Denn dann können Sie Ihre Worte mit Bedacht wählen und der andere nimmt den gesamten Text eher zur Kenntnis als im persönlichen Gespräch. Wenn Sie Ärger mit einem Unternehmen hatten, ist es gut, sich mit so einem Brief an einen Vorgesetzten zu wenden, am besten den obersten Chef. Sie erhöhen die Wahrscheinlichkeit, dass Ihr konstruktives, aber eindeutiges Feedback auf offene Ohren trifft. Das ist zumindest meine persönliche Erfahrung. Ich schreibe sogar bei Großkonzernen immer an den Vorstand und nicht an den normalen Kundendienst und habe bisher immer bessere Reaktionen bekommen. Einmal hat mich ein Vorstandsmitglied eines sonst in puncto Kundenservice eher verrufenen Konzerns sogar persönlich angerufen, um sich zu entschuldigen, und das, obwohl er wusste, dass ich an meiner Entscheidung, die langjährige Kundenbeziehung zu beenden, nichts mehr ändern würde.

Vergleichen Sie selbst, wie die drei Regeln „kurz und knapp", „sachlich", „klipp und klare Konsequenz" aussehen. Zunächst eine emotionale Variante und darunter die konstruktive Form:

Es ist echt zum Heulen, wie hierzulande mit Kunden umgegangen wird. Ihre Mitarbeiter wissen leider offenbar nicht mal, wie man Service buchstabiert.

Meine Bestellung vom 13. 09. wurde zweimal versemmelt und selbst dann hat es nicht mal jemand für nötig gehalten, sich zu entschuldigen, sondern mir wurden sogar zweimal die Versandkosten berechnet. So kann man auch Geld rausschinden. Bei so einem Unternehmen will ich nicht weiter Kunde sein (und ersparen Sie mir bloß einen Entschuldigungsserienbrief!).

Am 13. 09. habe ich Büromaterial bestellt. Die Bestellung wurde falsch ausgeführt (der Artikel X fehlte komplett und statt Artikel Y lag Z bei). Das war mehr als ärgerlich, denn ich habe die Artikel dringend gebraucht und gerade wegen des 24-Stunden-Versprechens bei Ihnen bestellt.

Auf meinen sofortigen Anruf sprach ich mit Ihrem Vertriebsmitarbeiter, Herrn Huber, der nicht sonderlich freundlich meine Reklamation aufnahm und mir zusicherte, die berichtigte Bestellung noch am gleichen Tag herauszuschicken. Das ist nicht passiert. Erst drei Tage später kam die neue Sendung: Artikel X war enthalten, doch Artikel Y war wieder nicht dabei!

Heute musste ich also ins gute alte Kaufhaus, um mir mein Büromaterial zu holen. Fehler können passieren, aber ich erwarte, freundlich behandelt zu werden und dass ein Unternehmen sich entschuldigt, wenn es nicht nur einmal, sondern sogar zweimal Bestellungen falsch und verspätet ausführt. Dass weder das eine noch das andere bei Ihnen der Fall war, ist enttäuschend. Ich werde künftig nicht mehr bei Ihnen bestellen.

Sehen Sie, wie viel ernster die zweite Variante genommen wird? Sie fassen den Vorfall sachlich kurz zusammen, sodass auch jemand, der bisher noch nicht mit der Sache betraut ist, sofort im Bild ist. Sie sorgen durch Ihre sachliche Darstellung dafür, dass Ihre Fassung ankommt und Sie nicht einfach als „ein aufgebrachter Beschwerdekunde“ abgestempelt werden. Dadurch geben Sie den Empfängern nie die Möglichkeit, sich aus der Verantwortung zu stehlen. Je kürzer und aussagekräftiger Sie auf den sachlichen Punkt kommen, desto weniger Ausweichmanöver gibt es. Außerdem demonstrieren Sie konstruktive Souveränität.

Überprüfen Sie Ihre angekündigten Konsequenzen bitte gut. Wenn auch nur der Hauch einer Chance besteht, dass Sie bei einer nun doch noch kommenden Entschuldigung anders entscheiden, dann sollten Sie das entsprechend formulieren. Sonst wirkt es merkwürdig oder Sie fühlen sich, als wären Sie in eine Einbahnstraße gefahren und müssten nun die angekündigten Konsequenzen durchziehen, obwohl Sie das nicht mehr tun möchten.

Kündigen Sie Konsequenzen nur an, wenn Sie sich in der Folge auch daran halten.

Im Idealfall kommen Sie also doch noch zu Ihrer Entschuldigung. Jetzt stellt sich die Frage, wie Sie diese am besten annehmen (ja, das klingt merkwürdig, aber Sie sehen gleich, welche weiteren Optionen sich Ihnen hier eröffnen) und ob Sie sie überhaupt annehmen möchten.

Jemand entschuldigt sich bei Ihnen: Wie nehmen Sie die Entschuldigung richtig an?

Ich gebe zu: Die Überschrift klingt ein wenig merkwürdig. Denn normalerweise sagt man fast schon automatisch etwas wie „Ist schon gut“ oder relativiert sogar: „War nicht der Rede wert.“ Manchmal ist es damit auch wirklich getan, doch es gibt Situationen, die komplexer sind. Denn es ist Ihnen vielleicht in der Situation sehr wichtig,

Mögliche Ziele beim Entschuldigung-Annehmen

- Ihren Standpunkt, Ihre Bedürfnisse und Ihre Ziele zu wahren,
- klare Grenzen zu ziehen (für das nächste Mal),
- souverän und selbstbewusst zu wirken,
- sich so zu verhalten, dass das Leben mit dem anderen tatsächlich normal weitergehen kann (und sich der andere beispielsweise nicht zu schlecht fühlt, um Ihnen weiter in die Augen zu sehen),
- nicht herablassend zu wirken,
- zu verhindern, dass Sie durch Ihre Reaktion den Eindruck vermitteln, zurückzurudern, wenn Sie das gar nicht so meinen („War ja eigentlich doch nicht so schlimm.“).

Außerdem gibt es ganz schöne Kaliber an Verfehlungen, bei denen man zwar einerseits eine Entschuldigung schon gerne annehmen möchte, es aber doch nicht wirklich kann. Aus der Situation heraus wird man weich, sagt „Alles wieder gut!“, aber dennoch nagt es weiter und ist alles andere als erledigt. Zum Zurückweisen einer Entschuldigung kommen wir ab S. 150.

Sie möchten Bedenkzeit, bevor Sie sich äußern

Mein bester Freund in der Kindheit hatte eine ganz pragmatische Reaktion, wenn wir uns nach einem Streit wieder angenähert haben. Er hat einfach gefragt: „Sind wir wieder gut?“ Und genau das steckt ja hinter den meisten Entschuldigungen. Handelt es sich um Kleinigkeiten oder um Dinge, die Sie nicht so schlimm finden, dann fällt es leicht, einzuschlagen und „wieder gut zu sein“.

Sofortiges Annehmen nicht immer möglich

Doch es gibt natürlich auch Situationen, wo das so schnell nicht geht. Vielleicht, weil Sie besonders getroffen sind, oder weil Sie die Entschuldigung (oder eine damit verbundene Beichte) gar nicht erwartet haben und jetzt einfach zu überrannt sind. Möglicherweise handelt es sich auch um eine Entschuldigung, die direkt an ein „Vergibst du mir?“ gekoppelt ist. Manchmal möchte die andere Person jetzt sofort die Gewähr, dass alles bereinigt ist. Wenn Sie Zeit brauchen, die Angelegenheit erstmal zu verdauen und sich darüber klar zu werden, was das für Sie bedeutet, dann nehmen Sie sich diese Zeit – und zwar unabhängig davon, was die andere Person möchte! Dabei ist es natürlich trotzdem gut, wenn Sie dem anderen irgendeine Form von Rückmeldung geben. Je nachdem, worum es geht und wie die Entschuldigung bei Ihnen ankommt, kann diese unterschiedlich ausfallen. Zum Beispiel:

- *„Ihre Entschuldigung ist angekommen. Momentan bin ich noch zu ärgerlich, um sachlich zu sein. Lassen Sie uns morgen in Ruhe darüber reden.“*
- *„Ich finde es gut, dass du dich entschuldigst. Da mich dein Verhalten sehr verletzt hat, kann ich jetzt ad hoc nichts dazu sagen. Ich muss das erst verdauen.“*

Anerkennung für Entschuldigung zeigen

Sie sehen an diesen Beispielen, wie wichtig es ist, dass Sie auf die Entschuldigung selbst Bezug nehmen: sich entweder dafür bedanken (aber nur, wenn Sie das auch so empfinden!) oder es anzuerkennen, dass der andere sich entschuldigt. Dann sagen Sie deutlich, dass Sie jetzt sofort nichts dazu sagen werden. Idealerweise verbleiben Sie beide so, dass die andere Person sieht: Die Entschuldigung ist angekommen, jetzt muss ich ihr/ihm etwas Zeit geben. Das ist

umso wichtiger, wenn etwas vorgefallen ist, das weiterführende Konsequenzen hat, wenn zum Beispiel eine Freundschaft auf der Kippe steht oder eine private oder berufliche Beziehung infrage gestellt ist.

Manchmal drängt der Entschuldigende, weil er die Angelegenheit unbedingt bereinigt haben möchte oder weil es ihn persönlich zu sehr plagt, zunächst im Ungewissen zu sein. Mitunter stehen Menschen auch auf dem Standpunkt „Ich habe mich doch jetzt entschuldigt! Was soll ich noch tun?!" und hoffen, dass es damit erledigt ist.

Sich nicht drängen lassen

Lassen Sie sich niemals zu einer sofortigen Reaktion drängen, wenn Sie sich Ihrer Antwort nicht ganz sicher sind, sondern halten Sie dagegen:

„Sosehr ich nachvollziehen kann, dass du jetzt gleich eine Antwort von mir willst – ich kann sie dir momentan nicht geben. Es ist zu viel passiert. Ich muss mir jetzt erst mal die Zeit geben, genauer darüber nachzudenken, was das für uns bedeutet."

Sie nehmen die Entschuldigung an

Annehmen kann komplex sein

Das hätten Sie jetzt vielleicht nicht gedacht, doch das Annehmen einer Entschuldigung ist fast genauso komplex. Natürlich gibt es die leichten Fälle: Jemand rempelt Sie an und entschuldigt sich. Alles wieder gut. Ein Freund hat Sie im Stress angeschnauzt und bittet um Entschuldigung. Nicht weiter der Rede wert. Doch nicht immer ist es so einfach. Manchmal möchte man eine Entschuldigung zwar akzeptieren, aber gleichzeitig

- nochmal den eigenen Standpunkt klären, aber ohne alles wieder von vorne aufzurollen oder neue Baustellen aufzureißen,
- klare Grenzen ziehen (für das nächste Mal),
- die Entschuldigung positiv verstärken und das Gegenüber damit ermuntern, auch bei künftigen Vorfällen dazu zu stehen und einen Schritt auf den anderen zuzumachen,

- souverän und selbstbewusst wirken, nicht etwa einknicken oder den Eindruck erwecken, zurückzurudern,
- dem anderen nicht gleichzeitig (nochmal) eine reinwürgen,
- nicht herablassend wirken,
- sich so verhalten, dass das Leben miteinander tatsächlich künftig normal und unbelastet weitergehen kann.

Grundsätze für richtige Reaktion

Es gibt ein paar wichtige Grundsätze, die Sie einhalten sollten, damit Sie auf eine Entschuldigung auch richtig reagieren, wenn Sie abgesehen von einem „Alles okay!" mehr erreichen möchten. Nehmen wir an, ein guter Freund hat Sie angelogen und entschuldigt sich bei Ihnen:

„Bitte verzeih mir, dass ich dich angelogen habe. Das war nicht gut. Ich wusste mir in dem Moment nicht anders zu helfen."

Sehen wir uns jetzt verschiedene Reaktionen auf diese Entschuldigung an:

(A) *„In Ordnung. Schwamm drüber."*
(B) *„Okay, so schlimm war es ja nicht. War ja nur eine Notlüge."*
(C) *„Von einem erwachsenen Menschen würde ich schon erwarten, dass er dazu stehen kann, wenn er etwas falsch gemacht hat!"*
(D) *„Das war doch klar, dass das rauskommt! Da hättest du ja nur mal kurz drüber nachzudenken brauchen, dass du damit nicht durchkommst."*
(E) *„Naja, du weißt ja: Wer einmal lügt …"*
(F) *„Ich finde es gut, dass du mir jetzt die Wahrheit gesagt hast. Genau diese Ehrlichkeit wünsche ich mir auch künftig."*
(G) *„Weißt du, es geht mir gar nicht um diese spezielle Sache. Es geht mir um die Tatsache, dass du mich angelogen hast. Das kann ich echt nicht vertragen. Ich möchte mich darauf verlassen können, dass wir ehrlich zueinander sind."*
(H) *„Es ist in diesem Fall nicht um viel gegangen, das stimmt. Doch das Anlügen ist für mich sehr schlimm, ganz egal, worum es geht. Das Vertrauen geht verloren. Ich akzeptiere das jetzt so. Aber ich sage dir jetzt, dass ich eine erneute Lüge nicht verzeihen*

kann. Freundschaft basiert für mich auf Vertrauen und da haben Lügen keinen Platz."

(I) *„Inwiefern wusstest du dir nicht anders zu helfen?"*

In diesen neun unterschiedlichen Reaktionen stecken positive und negative Aspekte. Wenn wir sie auf den Punkt bringen, sollte Ihre Reaktion idealerweise Nebenwirkungen vermeiden, Zusatznutzen bringen und positiv verstärken.

Nebenwirkungen vermeiden

Eine unschöne Nebenwirkung ist alles, was die Sache vordergründig bereinigt („Ich nehme die Entschuldigung an."), aber in Wirklichkeit die Angelegenheit negativ befeuert: Wenn Sie dem anderen Vorhaltungen machen, dass er sich wirklich dumm verhalten hat, wenn Sie andeuten – oder gar drohen –, wie in Antwort E das „Wer einmal lügt...". Oder wenn Sie zwar sagen, dass mit der Entschuldigung alles wieder gut ist, das aber gar nicht so empfinden.

Nicht vorschnell reagieren

Solche Nebenwirkungen vermeiden Sie, indem Sie nicht vorschnell reagieren, sondern sich entweder grundsätzlich damit auseinandersetzen, wie Sie zu einem bestimmten Verhalten, hier das Lügen, stehen oder sich so einen Vorfall genauer durch den Kopf gehen lassen. Gegebenenfalls können Sie Bedenkzeit erbitten (s. S. 141).

Ein weiterer guter Tipp ist es, in Ihrer Antwort nicht zu ausschweifend zu werden. Wenn Sie nochmal alles aufkochen oder zu sehr ins Detail gehen, dann passiert es auch schneller, dass Sie sich selbst um Kopf und Kragen reden. Auf diese Weise reißen Sie andere Baustellen wieder auf oder der Sich-Entschuldigende ist nun seinerseits stinksauer auf Ihr Verhalten.

Zusatznutzen für sich selbst einbauen

Gleicher Inhalt – unterschiedliche Aussage

Sie sehen an den Antwortvarianten F, G, H und I, dass Sie eine Entschuldigung nicht einfach so anzunehmen brauchen, sondern den Vorfall zum Anlass nehmen können, ein grundsätzliches Verhalten anzusprechen. Sie sehen an den Varianten auch, wie der prinzipiell gleiche Inhalt doch eine unterschiedliche Aussage hat:

(F) *„Ich finde es gut, dass du mir jetzt die Wahrheit gesagt hast. Genau diese Ehrlichkeit wünsche ich mir auch künftig."*

Appell an Ehrlichkeit

Reagieren Sie so, haben Sie die Entschuldigung angenommen, positiv verstärkt (s. S. 146) und betont, dass Ihnen Ehrlichkeit wichtig ist.

(G) *„Weißt du, es geht mir gar nicht um diese spezielle Sache. Es geht mir um die Tatsache, dass du mich angelogen hast. Das kann ich echt nicht vertragen. Ich möchte mich darauf verlassen können, dass wir ehrlich zueinander sind."*

Hier haken Sie den aktuellen Vorfall komplett ab und stellen die Lüge drastischer in den Mittelpunkt – wiederum mit einem Wunsch: dem Appell an Ehrlichkeit.

(H) *„Es ist in diesem Fall nicht um viel gegangen, das stimmt. Doch das Anlügen ist für mich sehr schlimm, ganz egal, worum es geht. Das Vertrauen geht verloren. Ich akzeptiere das jetzt so. Aber ich sage dir jetzt auch, dass ich eine erneute Lüge nicht verzeihen kann. Freundschaft basiert für mich auf Vertrauen und da haben Lügen keinen Platz."*

Glasklare Grenze ziehen

Noch deutlicher ist diese Variante, die dann wichtig ist, wenn Sie eine glasklare Grenze ziehen wollen: Das geht so nicht! Wenn Sie sicher sind, dass die Konsequenz eindeutig ausfällt, Sie also mit jemandem, der Sie wiederholt anlügt, nicht befreundet sein können, dann sagen Sie das dazu. Sie sehen: Es ist nicht als Drohung formuliert („Wenn du nochmal lügst, bist du nicht mehr mein Freund"), sondern Sie sagen sachlich, aber deutlich, wo Ihre Grenze liegt.

(I) *„Inwiefern wusstest du dir nicht anders zu helfen?"*

Diese Frage ist besonders klug, denn Sie helfen sich und dem anderen, an die Wurzel zu kommen. Die Antwort auf diese Frage zeigt auf, wo Unsicherheiten liegen oder Ihr eigenes Verhalten vielleicht Anlass dazu gibt, die Ehrlichkeit zu blockieren.

Wenn man selbst ein „Vergehen" provoziert

Wohlgemerkt: Es geht hier nicht darum, Schuldige zu suchen oder gar Verantwortung zu verschieben. Es ist jedoch im Zwischenmenschlichen sehr wohl oft so, dass man etwas mit beeinflusst. Angenommen, ein Ehepartner schaut gerne Pornofilme, der andere findet es nicht nur unmöglich, sondern sieht es als persönliche Beleidigung und „schmutzig" an und macht dem anderen ständig Vorwürfe deswegen. Ein solches Verhalten kann dazu führen, dass der Partner lieber heimlichtut, um diesen Stress zu vermeiden. Was auch immer der Grund ist: Es ist gut, die eigentlichen Auslöser zu besprechen, wenn es welche gibt. Hören Sie also immer genau hin, wie der andere seine Entschuldigung formuliert, und haken Sie bei solchen Bemerkungen ein. Das hilft, nebenbei bemerkt, auch dabei, eine rhetorische Finte zu entlarven (siehe auch: Zweifel, ob eine Entschuldigung auch aufrichtig gemeint ist, S. 147).

Positive Verstärkungen

Das Thema Ehrlichkeit

Die positive Verstärkung entsteht dadurch, dass Sie die Entschuldigung selbst in den Mittelpunkt stellen: „Das finde ich gut. Ich schätze es sehr." Oder, indem Sie die Tatsache, dass die Entschuldigung im Einklang mit dem ehrlichen Zugeben einer Lüge steht, nutzen. Denn Ehrlichkeit ist Ihnen für das gemeinsame Miteinander wichtig.

Eltern kennen diese Art der positiven Verstärkung nur zu gut, wenn sie ihr Kind loben und sagen: „Schau, so ist das doch viel besser!" Das ist nicht nur auf Kinder bezogen wirksam, sondern auch bei uns Erwachsenen. Und es ist nicht nur auf die Entschuldigung selbst beschränkt; Sie können je nachdem, was der Anlass für die Entschuldigung war, auch diesen ins Rampenlicht stellen.

Nehmen wir an, ein Kollege hat versucht, einen Fehler zu vertuschen. Es ist aufgeflogen und der Kollege hat sich entschuldigt. Nun können Sie das Prinzip „Fehler offen zuzugeben" positiv verstärken, indem Sie nicht nur betonen, wie gut Sie finden, dass der Kollege sich dafür entschuldigt hat, sondern auch bekräftigen, wie wichtig es ist, bei Fehlern schnell zu handeln, und dass es immer um das Ergebnis geht und nicht darum, einen Sündenbock zu finden (das muss dann natürlich auch so gehandhabt werden).

Sie haben Zweifel an der Aufrichtigkeit der Entschuldigung

Nur so dahingesagt ...

Wir haben im dritten Kapitel ausführlich darüber gesprochen, was wichtig dafür ist, dass eine Entschuldigung auch aufrichtig ankommt. Was ist aber, wenn sich jemand bei Ihnen entschuldigt, Sie die Entschuldigung aber nicht ernst nehmen können? Vielleicht wirkt sie dahingesagt oder die Körpersprache lässt Sie zweifeln, vielleicht witzelt der andere sogar ... Was zählt denn jetzt? Die Entschuldigung oder wie sie bei Ihnen ankommt?

Beides. In erster Linie zählt in der Kommunikation immer, wie etwas beim „Empfänger" ankommt. Gleichzeitig gilt, dass unsere eigene Interpretation eben auch nur das ist: unsere Interpretation. Wenn sich jemand bei Ihnen entschuldigt, aber Ihnen dabei nicht in die Augen blickt, muss das nicht Unaufrichtigkeit bedeuten, sondern vielleicht schämt sich der andere und tut sich schwer, den Blick aufrecht zu halten. Oder der andere macht eine spaßige Bemerkung, die auf Sie wirkt, als ob er die Sache ins Lächerliche zieht. Dabei neigt der andere dazu, sich in Witze zu retten, wenn er sehr nervös ist. Es gibt zwei ganz einfache, aber wirksame Werkzeuge, mit denen Sie überprüfen können, wie aufrichtig eine Entschuldigung gemeint ist:

Der Aufrichtigkeitstest

- Fragen Sie nach Details: „Wofür genau entschuldigst du dich?", „Was meinst du damit?", „Inwiefern tut es dir leid?", „Warum entschuldigst du dich jetzt?"
- Sagen Sie, wie etwas bei Ihnen ankommt: Fassen Sie einfach in Worte, was Sie bei der Entschuldigung irritiert oder dazu führt, dass Sie sie dem anderen nicht abnehmen.

Wenn eine Entschuldigung verspätet kommt, empfindet man sie oft auch nicht mehr als aufrichtig und wird manchmal regelrecht trotzig: „Jetzt ist es auch zu spät!" Lehnen Sie bitte nicht automatisch eine Entschuldigung ab! Wie in Kapitel 2 ausgeführt, gibt es diverse Gründe, warum sich jemand zeitverzögert entschuldigt.

Die Entschuldigung macht Sie noch wütender

Zu Beginn des dritten Kapitels haben Sie die zehn häufigsten Gründe erfahren, warum jemand eine Entschuldigung in den falschen Hals bekommt. Was ist, wenn Sie am anderen Ende so einer Entschuldigung stehen und dadurch erst so richtig wütend geworden sind?

Sagen, warum Entschuldigung nicht ankommt

Dann hilft wieder nur eins: Bescheid sagen! Die gute Nachricht: Wenn Sie in Worte fassen, dass und warum Sie sauer sind, können Sie Ihre Emotionen besser kontrollieren. Sie flippen dann nicht einfach aus oder mauern schweigend, sondern können dadurch eine konstruktive Haltung bewahren. Sie wissen ja: Wenn es Ihnen gelingt, souverän zu agieren, kommen Sie besser beim anderen an und geben ihm keine Gelegenheit, sich aus der Pflicht zu stehlen. In der Situation können Sie so reagieren:

In der Situation

- *„Stopp! Dass Sie mit einem ‚Sorry' da mal eben drüber weggehen, macht mich richtig sauer!"*
- *„Ehrlich, meine Halsschlagader schwillt gerade mächtig an …"*
- *„Tun Sie sich den Gefallen und lassen mich erstmal komplett ausreden, bevor Sie mit so einer floskelhaft wirkenden Entschuldigung kommen …"*

… daran angehängt dann jeweils kurz erklären, warum es Sie wütend macht beziehungsweise was Sie erwarten.

Nach der Situation

Manchmal wird man jedoch ganz schnell sauer und kann sich gar nicht mehr stoppen. Dann kann es passieren, dass eine Situation eskaliert. Erst mit etwas Abstand kann man dann wieder klar denken. Dann ist es Zeit, sich gegebenenfalls selbst zu entschuldigen.

Vor einigen Jahren habe ich einen Umzug von einer Spedition durchführen lassen. Der eine Mitarbeiter war so übergewichtig, dass er die Stockwerke der alten und der neuen Wohnung nicht erklimmen konnte und sich deshalb auf das Sortieren der Umzugskisten im Lkw verlegte. Der andere nahm sich die jeweils leichteste Kiste und machte

auf jedem Treppenabsatz Zigarettenpause, sodass ich den Umzug letztlich doch alleine über die Bühne bringen musste. Am Schluss wollte man mir eine Stunde mehr Zeit berechnen. Als ich den Chef der Firma anrief, um mich zu beschweren, entschuldigte er sich so pauschal und unglaubwürdig, dass ich völlig ausflippte. Das Gespräch eskalierte, ich wurde laut und schließlich knallten wir beide den Hörer auf. Nach einigen Minuten war mein Blutdruck wieder unten. Ich ärgerte mich nach wie vor maßlos … aber jetzt auch noch über mich selbst: Zum einen, weil ich der Spedition die Gelegenheit gegeben hatte, mich als hysterische dumme Kuh zu sehen und dadurch meine berechtigte Beschwerde unterminiert hatte. Zum anderen, weil ich andere Leute nicht anschreien möchte (siehe: Ihr Anspruch an sich selbst, S. 58). Ich griff also erneut zum Hörer und entschuldigte mich für mein Verhalten, um so nochmal zurück auf das Fehlverhalten der Firma zu kommen.

„Herr X, hier ist nochmal Härter. Ich entschuldige mich bei Ihnen, dass ich gerade laut geworden bin. Auch wenn ich mich noch so sehr ärgere, war es nicht in Ordnung, Sie anzuschreien. [auffordernde Schweigepause, in der der Chef sich dazu äußern konnte.] Bitte lassen Sie uns nochmal in Ruhe darüber sprechen, was am Samstag alles schiefgelaufen ist …“

Das eigene Verhalten kritisch prüfen

In diesem Fall habe ich schließlich auf vielfältige Weise gepunktet, indem ich mein Fehlverhalten losgekoppelt von deren Fehlern geklärt habe. Ich hätte mich auch auf den Standpunkt stellen können, dass die Firma mich provoziert hat und selbst schuld ist. Doch das wäre ein kurzsichtiger und nur vermeintlicher Sieg. Tatsächlich ging es mir um Einsicht, um eine ehrliche Entschuldigung und um Wiedergutmachung. Das erreicht man nicht, wenn man sich ebenfalls schlecht verhält.

Gute Gründe, eine Entschuldigung nicht anzunehmen

„Sorry“ reicht nicht immer

Es steht nirgends geschrieben, dass Sie eine Entschuldigung annehmen müssen. Auch wenn man manchmal den Eindruck bekommt, dass das Wort „Entschuldigung“ ausreichen müsste, damit alles wieder gut ist. Es gibt aus meiner Sicht sogar einige sehr gute Gründe, eine Entschuldigung nicht anzunehmen:

- Die falschen Motive: Der andere entschuldigt sich, damit es *ihm* besser geht; weil er Sie damit manipuliert; kurz, es geht der Person nur um sich selbst.
- Sie haben es mit einem Serien-Entschuldiger zu tun, der eine Entschuldigung als Freibrief ansieht, dieselbe oder eine ähnliche Sache immer wieder zu tun.
- Das, was vorgefallen ist, ist unentschuldbar (objektiv betrachtet oder weil es Ihre subjektiven Grenzen verletzt hat).

Entschuldigungen aus Eigennutz

Betroffene Person sollte im Zentrum stehen

Der Grund einer Entschuldigung sollte immer der sein, zu einem Fehlverhalten zu stehen und sozusagen Abbitte zu leisten: Die betroffene Person, die unter meinem Verhalten gelitten hat oder negativ betroffen war, steht im Mittelpunkt.

Wenn das Eigeninteresse überwiegt

Häufig ist der Auslöser für eine Entschuldigung das Bewusstsein, dass man durch sein Verhalten unschöne Konsequenzen auszuhalten hat: Eine verletzte Person zeigt die kalte Schulter. Man hat es sich mit Kollegen verspielt, die nun nicht mehr hilfsbereit auf einen zukommen. Ewige Heimlichtuerei stresst einen. Oder es meldet sich quälend das schlechte Gewissen. Darum kommt es häufig zu Entschuldigungen, die einzig und allein dem Entschuldigenden dienen sollen: Er will sein Gewissen erleichtern, wieder ein entspanntes Miteinander erreichen oder gar mit einer Entschuldigung manipulieren.

- *„Entschuldigung! Ich wollte nicht fremdgehen. Ich kann es mir selbst nicht erklären. Ich liebe dich doch so. Aber du hast mir einfach in den letzten Monaten kaum Aufmerksamkeit gezeigt …"*
- *„Das war nicht richtig von mir, den Dienstweg zu umgehen. Ehrlich gestanden: Wenn Sie mir mehr zutrauen würden, hätte ich das Projekt nicht an mich reißen müssen."*
- *„Bitte verzeih mir, dass ich dich so sehr bedränge mit den täglichen Anrufen. Aber ich fühle mich so einsam und habe nicht mehr viele Jahre. Da ist es doch nicht zu viel verlangt, wenn man sich mehr Nähe zu seinem Kind wünscht."*

Wenn man sich plötzlich selbst entschuldigen soll

Hören Sie genau hin, wie sich jemand entschuldigt: Um wen geht es hier eigentlich? Geht es wirklich darum, Sie um Verzeihung zu bitten? Oder will hier jemand geschickt noch etwas mehr für sich herausschlagen? Auf S. 147 haben Sie schon den Tipp bekommen, einfach etwas konkreter nachzufragen, um herauszubekommen, ob eine Entschuldigung aufrichtig ist. Achten Sie zudem darauf, ob jemand im gleichen Atemzug einen mildernden Umstand für sich ins Feld führt, der Sie in eine schlechte Position bringt. Oftmals lässt man sich nämlich durch die Geste der Entschuldigung blenden und ist nur zu bereit, einen Schwarzen Peter zu akzeptieren. So schnell wie sich dann der Wind dreht und Sie plötzlich in einer konstruierten Position des Sich-eigentlich-entschuldigen-Sollens sind, können Sie gar nicht schauen!

Lassen Sie sich nicht den Schwarzen Peter zuschieben!

Manipulationsversuche aufdecken

Trennen Sie unterschiedliche Aussagen immer ganz genau voneinander! Werden verschiedene Paar Stiefel ins Feld geführt, dann nehmen Sie diese auf, aber mischen Sie sie nie. Das Verhalten, das die Entschuldigung ausgelöst hat, ist ein Paar Stiefel, das hier und jetzt für sich allein steht. Etwaige weitere Punkte, die der andere nun ins Feld führt, wie ungutes Verhalten auf Ihrer Seite, eine belastete Beziehung oder, oder, oder … werden aufgenommen und erst einmal geparkt, zum Beispiel auf einem Blatt Papier. Und dann wird

eines nach dem anderen, und zwar separat voneinander, besprochen. Auch das ist ein hervorragender Test dafür, ob jemand Sie nur manipulieren (und von sich selbst ablenken) will oder ob die angesprochenen Punkte tatsächlich wichtig für ihn sind. Ist Letzteres der Fall, ist die Person offen dafür, dass alles nacheinander besprochen und geregelt wird. Sträubt sich die Person und will beharrlich Ihnen irgendeine Schuld zuweisen, haben Sie es mit einem Manipulationsversuch zu tun und nicht mit einer aufrichtigen Entschuldigung.

Serien-Entschuldigungs-Blabla

Erinnern Sie sich an die „7 triftigen Gründe, sich nicht zu entschuldigen" aus dem ersten Kapitel? Darunter finden sich einige Gründe für Serienentschuldiger:

- Sie entschuldigen sich andauernd, um nicht anzuecken und um die Harmonie zu wahren.
- Es ist nur eine dahingesagte (Höflichkeits-)Floskel, die keine Bedeutung hat.
- Das Entschuldigen ist als Freischein gedacht.

Nachforschen oder abstellen

Eine solche Entschuldigung brauchen Sie nicht anzunehmen! Denn sie ist wertlos. Haben Sie es mit jemandem zu tun, der Sie vielleicht sogar schon wahnsinnig macht, weil jedes zweite Wort „Entschuldige bitte!" oder „Das wollte ich nicht!" ist, ist es wichtig, dem entweder auf den Grund zu gehen oder es abzustellen.

Auf den Grund gehen heißt: Ist die andere Person Ihnen wichtig, weil Sie dauernd mit ihr zu tun haben oder sie sogar mögen, geht es darum, die offensichtlich vorhandenen Unsicherheiten an der Wurzel zu packen. Das Selbstbewusstsein zu steigern oder ihr zu versichern, dass es nicht gleich zu Streit und Trennung kommt, nur weil man vielleicht mal anderer Meinung ist. Es abstellen heißt: Sie haben kein Interesse, mit dieser Person etwas großartig zu analysieren oder sie einer Sache zu versichern, aber Sie haben auch keine Lust, sich diese ständige Entschuldigerei weiter anzuhören.

In diesem Fall würden Sie sie darauf hinweisen, dass sie sich andauernd unnötig entschuldigt und Sie es ehrlich gesagt schon nicht mehr hören können. Das klingt hart, aber sehen Sie sich die Alternative an: Man wird nach und nach immer aggressiver auf jemanden, der sich so verhält, und dann ist es nur eine Frage der Zeit, bis die Sache unschön eskaliert. Dann doch lieber ehrlich, aber natürlich konstruktiv, Klartext reden.

„Wiederholungstäter" stoppen

Entschuldigt sich jemand bei Ihnen wiederholt für dieselbe Sache, macht es dann wieder und entschuldigt sich erneut und, und, und … dann liegt es an Ihnen, das nicht zu akzeptieren und einen Riegel vorzuschieben:

- *„Eine Entschuldigung ist kein Freischein. Du versprichst, du kommst vor zehn heim, und kommst dann doch wieder erst um zwölf. Du sagst schnell ‚Entschuldigung, Mama!', nur um beim nächsten Mal unsere Verabredung wieder völlig zu ignorieren …"*
- *„Sie haben sich erneut nicht rechtzeitig krankgemeldet, sondern sind einfach nicht zur Arbeit erschienen. Mit einem ‚Entschuldigung' ist das nicht mehr getan …"*

Sagen Sie klar und deutlich, dass Sie das so nicht weiter akzeptieren und benennen Sie die Konsequenzen.

TIPP

Entschuldigungen aus Eigennutz werden oft einfach angeboten, um Ruhe zu haben. In diesen Fällen können Sie sagen: „Ich brauche keine Entschuldigung. Ich will eine Erklärung." Dann wiederum eine Sprechpause machen, Blickkontakt halten und auffordernd schauen … und jetzt abwarten, bis der andere das Schweigen füllt (und bloß nicht ausweichen lassen!).

Unentschuldbares

Persönlich oder objektiv unentschuldbar

Es gibt Vorfälle, die nicht zu entschuldigen sind: Entweder, weil Ihre persönlichen Grenzen verletzt wurden oder weil sie objektiv betrachtet nicht zu entschuldigen sind. Eine persönliche Grenze wäre zum Beispiel das Anlügen oder Fremdgehen. Wenn das für Sie K.o.-Kriterien sind, die Sie einfach nicht vergeben wollen oder können, dann ist das so eine unentschuldbare Sache.

Sagen Sie deutlich, dass eine Sache für Sie nicht zu entschuldigen ist, oder bitten Sie sich Bedenkzeit aus, um sich darüber erst einmal klarzuwerden.

Wichtiges nicht auf Entschuldigung reduzieren

Etwas nicht entschuldigen zu wollen heißt natürlich nicht, dass Sie nicht andere Wege finden, zu einer Lösung zu kommen. Wenn Ihr Sohn kriminell geworden ist, werden Sie das nicht einfach entschuldigen, aber Sie werden ihm natürlich auch nicht den Rücken zudrehen. Wichtig ist, dass Sie sehr gewichtige Themen nicht einfach auf eine Entschuldigung reduzieren. Manche Menschen denken: „Ich habe mich doch entschuldigt, mehr kann ich nicht tun", doch manchmal geht es schlichtweg gar nicht mehr um die Frage, ob sich jemand entschuldigt oder nicht.

Übrigens: Es ist nicht von Belang, ob andere Menschen das auch so sehen. Selbst wenn 999 Menschen etwas nicht so tragisch finden: Wenn Sie die eine Person unter tausend sind, die es für unverzeihlich hält, dann ist das so. Ihr Empfinden zählt. Wenn also Ihre beste Freundin schon den x-ten Seitensprung ihres Mannes vergibt, heißt das nicht, dass Sie diesen Maßstab auch haben müssten. Umgekehrt muss Ihre Freundin nicht Ihre Wertmaßstäbe teilen. Da man besonders in diesen Situationen oft Meinungen – oder Rat – anderer zu hören bekommt, hier noch einige Beispiele, wie Sie solchen Statements begegnen können. Möchten Sie nicht darüber diskutieren, sondern einen Riegel vorschieben, halten Sie sich kurz und knapp, schmücken Sie nicht aus und stellen Sie keine Fragen.

- *„Es ist deine Devise, dass jeder Mensch eine zweite Chance verdient. Ich sehe das nicht pauschal so."*
- *„Betrug, und dann noch auf so eine perfide Weise, kann und möchte ich nicht verzeihen."*
- *„Sie entscheiden in Ihrem Leben. Ich in meinem."*
- *„Bei Fremdgehen ist bei mir der Ofen aus. Da gibt es keine weitere Diskussion."*

Die eigene Position klarstellen

Sind Sie an einem tiefergehenden Gespräch interessiert und möchten Sie sich austauschen, stellen Sie aktiv Fragen und erklären Sie Ihren Standpunkt. Manchmal merkt man dabei, dass man etwas tatsächlich zu strikt behandelt.

Objektiv Unentschuldbares

Etwas problematischer sind Vorfälle, die objektiv betrachtet unentschuldbar sind. Vielleicht stolpern Sie jetzt über das „objektiv", denn so richtig objektiv ist ja kaum etwas. Ich meine damit Extreme wie Gewalt und Kriminalität. Es ist sehr traurig, dass viele verbal misshandelte Frauen (und Männer) immer wieder davon berichten, dass es „ihr/ihm nachher immer leidtut", „er sich entschuldigt", „sie es nicht so gemeint hat". Oft wirkt – oder ist – die Person tatsächlich untröstlich – das mindert aber nicht ihre Schuld.

Es ist nicht entschuldbar, wenn
- jemand Ihnen oder einer anderen Person immer wieder wehtut, ob durch Worte oder mit Handgreiflichkeiten,
- jemand Sie in Ihrem Leben extrem einschränkt (durch Verbote, Lieblosigkeit, Kontrollwahn),
- jemand sich am Besitz anderer vergreift oder sonstige kriminelle Handlungen durchführt.

Das klingt fast zu selbstverständlich, um es überhaupt zu erwähnen. Doch die Realität ist leider, dass viele Menschen – gerade wenn sie systematisch von jemandem beherrscht, kontrolliert und heruntergemacht werden – den Maßstab dafür verlieren, was entschuldbar ist und was nicht.

Verlange ich zu viel?

Zum Abschluss möchte ich gerne noch ein schwieriges Thema ansprechen. Wer häufig Entschuldigungen von anderen erwartet, andauernd auf Kniefälle und Wiedergutmachungen aus und sehr nachtragend ist, der macht sich selbst das Leben schwer. Denn wenn man sich ständig unfair behandelt fühlt oder sich am Verhalten anderer stößt, dann liegt die Wurzel manchmal auch in einem selbst. Ein nicht so großes Selbstbewusstsein, persönliche Unzufriedenheit und zu große Passivität münden oft in ein überkritisches Be- und Verurteilen anderer. Man findet dann überall das berühmte Haar in der Suppe und wenn andere diese Einsicht nicht teilen, kommen Frust oder Enttäuschung noch obendrauf. Der Wunsch nach Entschuldigungen ist dann jedoch nur Symptombekämpfung.

Wenn Sie sich jetzt ein kleines bisschen wiedererkennen, dann seien Sie bitte nicht geknickt, sondern sehen Sie es als wertvollen Anstoß, etwas näher hinzusehen, was sich dahinter verbirgt:

Mein Fundament

Bitte lesen Sie die Beschreibung genau durch, überlegen Sie gut und kreuzen Sie dann auf der Skala von 1 – 10 (wobei 10 der bestmögliche Wert ist) an, wo Sie sich momentan einordnen.

10
9
8
7
6
5
4
3
2
1

Mein Selbstbewusstsein:

„Selbstbewusstsein“ ist ganz umfassend gemeint:

- Mögen Sie sich: Ihr Äußeres, Ihr Wesen?
- Stehen Sie zu sich und Ihrer Meinung?
- Treten Sie für Ihre Bedürfnisse und Wünsche ein?
- Können Sie auch bei Fehlern oder Fehlentscheidungen nachvollziehen, warum es dazu gekommen ist, oder hadern Sie dann mit sich?
- Halten Sie sich für interessant und liebenswert?
- Kommen Sie gut mit anderen Menschen in Kontakt?

10
9
8
7
6
5
4
3
2
1

Meine Zufriedenheit:

Wie zufrieden wir mit uns und der Welt sind, hängt unter anderem davon ab:

- Leben Sie das Leben, das Sie leben möchten?
- Wie zufrieden sind Sie mit dem bisherigen Verlauf?
- Haben Sie ein stärkendes Umfeld (Freunde, Familie)?
- Gehen Sie gerne zur Arbeit?
- Ist Ihr Privatleben erfüllend?
- Kommen Sie im Allgemeinen gut mit anderen Menschen klar?

10
9
8
7
6
5
4
3
2
1

Meine Aktivität:

Lenken Sie Ihr Leben aktiv? Zum Beispiel:

- Sagen Sie laut und deutlich, was Sie möchten: wenn Ihnen etwas nicht passt; wenn Sie sich etwas von jemandem wünschen?
- Überwiegt Hoffen und Wünschen oder ermöglichen Sie sich Dinge selbst?
- Setzen Sie sich Ziele, die Sie dann auch verfolgen?
- Gehen Sie auf andere zu oder sind Sie eher reaktiv?

Wenn Sie sich oft unfair behandelt fühlen oder über andere ärgern, dann ist die Wahrscheinlichkeit groß, dass Ihre Werte in diesen drei Bereichen nicht sonderlich hoch sind.

- Konkretisieren Sie jeden Bereich weiter: Wie genau verhält sich das? Meistens weiß man schon sehr genau, wo man seine Schwächen hat oder wie es anders gehen würde.
- Fragen Sie sich: Was müsste sein, was könnte ich tun, um den Wert im jeweiligen Bereich nach und nach zu steigern? Oft sind es ganz einfache Schritte, die Sie tun können!

Sie können diese Momentauswertung auch für sich nutzen, um in den nächsten zwölf Monaten explizit das Ziel zu verfolgen, Ihre Werte zu steigern. So sehen Sie Ihre Fortschritte schwarz auf weiß – und Sie werden merken, dass gleichzeitig der Unmut über andere sinkt.

Buchtipps

Wirkung und Ausstrahlung

Gutzeit, Sabine F.: *Die Stimme wirkungsvoll einsetzen: Das Stimm-Potenzial erfolgreich nutzen.* 3. Auflage. Weinheim: Beltz Verlag, 2008.

Martini, Anna: *Sprechtechnik – aktuelle Stimm-, Sprech- und Atemübungen.* 5. Auflage. Orell Füssli Verlag, 2010.

Reiter, Michael A.: *Ihre Ausstrahlung – erkennen, entwickeln und bewusst leben.* 4. Auflage. Freiburg: Haufe-Lexware, 2008.

Fragen stellen

Brunner, Anne: *Die Kunst des Fragens.* 3. Auflage. München: Hanser Verlag, 2009.

Cooper, Ian: *Frag doch einfach! ... dann bekommst Du es auch!* Kulmbach: Börsenmedien, 2009.

Grenzen und Konflikte

Baum, Tanja: *Die Kunst, freundlich Nein zu sagen.* 2. Auflage. München: Redline Verlag, 2008.

Dölz, Susanne: *Sich durchsetzen – Best of Edition.* Freiburg: Haufe-Lexware, 2008.

Forward, Susan: *Emotionale Erpressung. Wenn andere mit Gefühlen drohen.* München: Goldmann Verlag, 2000.

Schulz von Thun, Friedemann: *Miteinander reden: Störungen und Klärungen* (Band 1). Reinbek bei Hamburg: Rowohlt, 46. Aufl. 1981.

Selbstmanagement

Herbst, Jaya: *Schon wieder ich! Über die Opferrolle und wie wir uns davon befreien.* 4. Auflage. München: Kösel Verlag, 2002.

Jeffers, Susan: *Selbstvertrauen gewinnen. Die Angst vor der Angst verlieren.* 8. Auflage. München: Kösel Verlag, 2009.

Nürnberger, Elke: *Gelassenheit lernen.* 2. Auflage. Freiburg: Haufe-Lexware, 2010.

Roser, Brigitte: *Das Ende der Ausreden: Was alles möglich wird, wenn wir nur wollen.* München: Diana Verlag, 2010.

Stichwortverzeichnis

Über die Autorin

Gitte Härter (geb. 1969) ist seit über zehn Jahren selbstständig als Coach und Trainerin. Davor war sie in einem internationalen Medienkonzern tätig: in Einkauf, Verwaltung und Verkauf, sowohl an vorderster Front als auch im Management.

Außerdem hat sie zwei Dutzend Ratgeber rund um Business, Selbstmanagement und Kommunikation veröffentlicht. Seit 2010 hat sie sich ganz auf das Schreiben spezialisiert: www.schreibnudel.de

Ebenfalls im GABAL Verlag erschienen: Nerv nicht! Über den Umgang mit Nervensägen, Rechthabern, Langweilern & Co.

Danke!

Ein großes Dankeschön an die Confiserie Hussel für die Erlaubnis, die Streitschlichter-Stückchen im Buch abzubilden. Zur Website: www.hussel.de